玉林师范学院2021-2024年校级立项建设学科中国语言文学重点学科经费

九州文库

元代直解文献词汇研究

李福唐 著

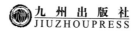

九州出版社
JIUZHOUPRESS

图书在版编目（CIP）数据

元代直解文献词汇研究 / 李福唐著 . -- 北京：九
州出版社，2022.6

ISBN 978-7-5225-0981-5

Ⅰ.①元… Ⅱ.①李… Ⅲ.①古汉语—词汇—研究—
中国—元代 Ⅳ.① H131

中国版本图书馆 CIP 数据核字（2022）第 102583 号

元代直解文献词汇研究

作　　者	李福唐　著	
责任编辑	沧　桑	
出版发行	九州出版社	
地　　址	北京市西城区阜外大街甲 35 号（100037）	
发行电话	（010）68992190/3/5/6	
网　　址	www.jiuzhoupress.com	
印　　刷	唐山才智印刷有限公司	
开　　本	710 毫米 × 1000 毫米　16 开	
印　　张	15	
字　　数	214 千字	
版　　次	2023 年 1 月第 1 版	
印　　次	2023 年 1 月第 1 次印刷	
书　　号	ISBN 978-7-5225-0981-5	
定　　价	95.00 元	

前　言

元代直解文献，指的是元代人用当时口语诠释讲解汉文典籍的书面记录，也有人称作"直讲体文献"或"白话讲章"。现存的元代直解文献，主要有吴澄（1249—1333年）的《经筵讲议》和贯云石（1286—1324年）的《孝经直解》以及许衡（1209—1281年）的《大学直解》《中庸直解》《大学要略》等。这些作品的总字数约有5.6万，其中白话部分约4.7万字，它们时代可靠，口语性强，是研究元代汉语的宝贵语料，也是汉语词汇史研究的重要物件。总体看来，迄至今日学术界对于元代直解文献的语言研究，尤其是词汇研究，虽然取得了一定的进展，但还不够深入和全面。这是和其学术价值不相称的，需要对它做进一步的研究。本书参考借鉴前人的研究成果和方法，运用现代语言学理论，将共时描写和历时考察结合起来，对元代直解文献的词汇进行了全面的考察。

本书共分七部分。

在第一章绪论部分，我们首先介绍了元代直解文献的内容及版本，阐述了本研究对于汉语词汇史研究、常用词演变研究、大型辞书的编纂、古籍整理与研究等方面都具有重要意义。第二节分国内、国外两部分介绍了相关研究的概况，进而帮助确定本书的研究目标和研究方法。第三节论述了直解文献用词的词形特点和内部差异两个方面。元代直解文献中的不规范字和一字（词）多形现象比较多，直解文献词语的书写形式大致可以分成6种情况，通过几组例子的比较可以看出，在用词方面，《直说大学要略》和《大学直解》《中庸直解》差异较大，表示同一意义所用词汇不同，《直说大学要略》很可能更能反映元朝北方口语，这是应该留意的一点。

在第二章中，我们主要考察了直解中的承古词语，包括来源于上古汉语时期的词语及来源于中古汉语时期的词语。通过与现代汉语的比较，发现元代直解文献中的承古词语除一部分已经消失之外，大多都沿用到了现代汉语中。有的沿用下来的词语的理性意义发生了或多或少的变化，例如"刑法""保安"等；有些词语发展到现代汉语里改变了感情色彩，如"自尊"等。

在第三章中，我们主要考察了元代直解文献中的新词新义，包括22个新生单音词或词义，约200个新兴双音词，若干多音词语（包括三音词和成语）。双音新词、双音词的新义是新词新义的主体，我们按照名词、动词、形容词、虚词等不同词类对其进行了具体的描述。

在第四章中，我们主要以《汉语大词典》为参照，认为元代直解文献的词汇对于《汉语大词典》等大型语文辞书能起到如下作用：增补词条和义项；提供书证；提前书证；完善释义和书证的科学性。

在第五章中，我们主要从校录以及标点两方面对元代直解文献的整理问题加以讨论。今人对元代直解文献的校录存在的问题主要包括脱文和误录。误录问题又可以分成"甲乙二字音义不同，因形近误将甲字录作乙字"和"甲乙二字音义相关，因不明字形的时代性误将甲字录作乙字"两种。由于对词义把握不够准确，今人对元代直解文献的点校中还存在一些标点问题。

在第六章中，我们主要讨论了元代直解文献双音词的构词方式和直解文献词汇的聚合关系。词汇的聚合关系主要从同义词、同源词、反义词三个方面进行研究。元代直解文献中的一些同义词在历史上存在替换关系，如：别处—他处等；反义词聚成员的历时更替现象也很突出，我们主要以"好／歹""高／低"为例来说明。

结语部分主要讨论了元代直解文献的语言性质问题。我们认为，总体而论，元代直解文献的语言性质是夹杂着浅近文言的通俗汉语口语体，是研究元代白话的宝贵语料之一。最后简单概括了直解词汇和现代汉语词汇存在的差异。

正文之后附录《元代直解文献双音词表》及《孝经直解》《经筵讲义》的校点本。

目　录
CONTENTS

第一章

绪　论

第一节　元代直解文献的内容和版本及研究意义

一、元代直解文献的内容和版本

研究近代汉语，元代白话语料可以说已经十分丰富了，有元曲、南戏、《元典章》和白话碑等，虽然它们语料价值很高，但是我们也应该看到，戏曲的语言风格还是和口语有一定距离，《元典章》和白话碑等常常夹杂有蒙古语的痕迹，因此我们把目光投向了目前学术界涉猎较少的元代直解文献。元代直解文献，指的是元代人用当时口语诠释讲解汉文典籍的书面记录，也有人称作"直讲体文献"或"白话讲章"。现存的元代直解文献，主要有吴澄（1249—1333年）的《经筵讲议》和贯云石（1286—1324年）的《孝经直解》以及许衡（1209—1281年）的《大学直解》《中庸直解》《直说大学要略》等①。这些作品的总字数约有5.6万，其中白话部分约4.7万字。这些文献时代可靠，口语性强，是研究元代汉语的宝贵语料，也是汉语词汇史研究的重要对象。下面逐一予以介绍。

（一）吴澄《经筵讲议》

见《吴文正集》卷九十，是用元代口语讲解唐太宗《帝范·君德》和宋

---

① 另外，郑镇孙的《直说通略》也属于元代直解作品，但此书流传不广，故本书暂未将其列入考察对象，只作为参考材料使用。祖生利先生（2008）详细介绍了该书的作者、编撰、出版和收藏等有关情况，探讨了其语言上的重要特色：人物对话贴近当时口语，并包含许多蒙古语干扰特征。可看。

代司马光《资治通鉴》的记录，据说"作于1324年"①。

吴澄，字幼清，晚年改字伯清。抚州崇仁（今属江西）人。幼聪敏好学，曾受教于朱熹再传弟子饶鲁的门人程若庸，与其族子程巨夫为同学。宋度宗咸淳六年（1270年），应乡贡中选；次年，就试礼部，落第。授徒于乡里，作草屋以居，题名"草庐"，因此被称为"草庐先生"。入元后，避兵乱隐居乐安布水谷，从事著述，至元二十年（1283年）还居草庐。至元二十三年（1286年），程巨夫奉诏到江南搜罗人才，从之至大都，不久即辞归。元贞年间，讲学于龙兴（今江西南昌），为江西行省左丞董士选所赏识，荐于朝。大德五年（1301年），授应奉翰林文字，次年至京，而该职已改授他人，遂南还。大德八年（1304年），被任为江西等处儒学副提举，迁延不赴，后称病辞职。至大元年（1308年），授国子监丞；四年，升司业。当时国子监学官只知蹈袭许衡成法，教学止于朱熹《小学》《四书集注》诸书，年年如此，毫无进步。吴澄到任后实行改革，亲自执教，辨析诸家传注的得失，融会不同学派的学说，并拟定教法，分经学、行实、文艺、治事四门，扩大了教学内容。他曾对学生说："朱子道问学工夫多，陆子静却以尊德性为主。问学不本于德性，则其弊偏于言语训释之末。"提倡为学应以"尊德性"为本，因此遭到议论。又与同事意见不合。皇庆元年（1312年），辞职还家。次年，集贤院奏请召为国子祭酒，反对者指责他为陆学，不合许衡尊信朱子之义，不可为国子师，于是作罢。延祐五年（1318年），授集贤直学士，遣虞集驰驿召入朝，中途因病不行。至治三年（1323年），超拜翰林学士，复遣近臣至其家征召，乃入京。泰定元年（1324年），命为经筵讲官，复命修《英宗实录》。二年，《实录》成，辞官南归。晚年仍致力于著述、讲学，南北士人来从学者甚多。元统元年

---

① 见路剑先生《吴澄年谱》，载《抚州师专学报》1992年第2期。元代早期经筵尚未形成制度，讲臣的身份比较复杂，进讲的时间也不固定。直到泰定帝泰定元年（1324年）正式开设经筵，始逐渐成为制度。《元史》卷二十九《泰定帝本纪一》记载："（泰定元年二月）甲戌，江浙行省左丞赵简请开经筵及择师傅，令太子及诸王大臣子孙受学。遂命平章政事张珪、翰林学士承旨忽都都鲁都儿迷失、学士吴澄、集贤直学士邓文原，以《帝范》《资治通鉴》《大学衍义》《贞观政要》等书进讲，复敕右丞相也先帖木儿领之。"吴澄《经筵讲议》大概就是在那时写成的。

（1333年），卒于家。谥文正。《元史》卷一百七十一有传。

吴澄为学虽由朱熹《四书集注》入门，又得到朱学人物的指授，自称其学为朱子之学，但他不偏执于一家，对陆九渊的"本心"学说尤为赞赏，认为是出于孟子，并谓"以心为学，非特陆子为然，尧、舜、禹、汤、文、武、周、孔、颜、曾、思、孟，以逮邵、周、张、程诸子，盖莫不然"。他极力调和朱、陆两家学说，称"二师之为教一也"，反对持门户之见。著述丰富，尤精研诸经，校订过《易》《书》《诗》《春秋》《礼记》《皇极经世书》《老子》《庄子》《太玄经》《乐律》《八阵图》及郭璞的《葬书》。著作有《易纂言》《诗纂言》《书纂言》《春秋纂言》《三礼考注》等，在元代理学中具有崇高地位，与许衡并称"南吴北许"。有《吴文正集》一百卷传世，又有明成化二十年刊四十九卷本，题名《临川吴文正公集》，为据百卷本重编，附有《道学基统》一卷、《外集》三卷。百卷本有《四库全书》本，四十九卷本有清雍正活字本，乾隆万璜刻本，《元人文集珍本丛刊》本。2018年版《儒藏》（精华编）二四六册收《吴文正集》，李军校点。该书校点以台湾影印文渊阁四库全书本《吴文正集》为底本，以明初刻本、明成化本、清乾隆刻本为校本，并参校《元文类》《宋元学案》《元诗选》等典籍的相关部分。底本所缺的《道学基统》和外集，自校本整体移录，置于最末。底本、校本选择精当，版本源流清晰，收录文章齐全，校记书写规范严谨，点校质量尚好。吴澄乃元代大儒，著作宏富，推崇朱子理学，认可陆氏心学，主张会合朱陆，其思想在宋明理学史上占有重要地位，对阳明心学的兴起也产生重要影响。《吴文正集》是国内首次整理出版的吴澄文集，为学术界研究吴澄提供了丰富的史料，具有较高的文献价值和学术价值。

本著作所据版本为《元人文集珍本丛刊》本。

（二）贯云石《孝经直解》

《孝经》是我国古代的一部经书，一般认为成书于战国时代。自汉代以后，为其作注者迭起，且屡有帝王作注。八世纪初，唐玄宗作御注，于天宝二年（743年）又增补修订，颁行天下。过了六百年，至十四世纪初，元代维吾尔族学者贯云石撰写《孝经直解》，用当时的口语来讲解《孝经》。

贯云石，维吾尔族人。原名小云石海涯，因父名贯只哥，遂以贯为姓。自号酸斋。精通汉文，大德末年袭父职为两淮万户府达鲁花赤，镇永州（今广西西北部南丹县）。后学业有成，仁宗时拜翰林直学士，知制诰同修国史。后称疾辞还江南，定居杭州。泰定元年（1324年）卒，年三十九。有文名，尤长于作散曲，为世所称。《元史》卷一百四十三有他的传，陈垣先生于所撰《元西域人华化考》中，将他列入西域中国曲家之首。《元史》本传说他"有文集若干卷，《直解孝经》一卷"。《直解孝经》当即《孝经直解》。此书海内久无传本。

1938年，北京来薰阁书店主人陈杭先生（字济川，1906—1968年），据日本藏本照片影印出版，嘉惠士林。陈氏并有跋语纪其始末云："《新刊全相成斋孝经直解》一卷，元刊本，原书为日本林秀一教授所藏。（中略）愚一日得其照片，友人怂恿云：元代白话资料之传于今者，元曲尚矣，《元典章》、白话碑亦次第流布，至于白话讲章，唯许衡《大学直解》《中庸直解》见于《许文正公遗书》，此外未之多见。此书实仿许氏而作，乃孤本仅存，图亦可爱，盍广其传！愚居书林，素以流通善本为志，谨从其言，亟付景印，并录《解题》于末，用饷世之学者云。"所说《解题》乃跋中隐括林秀一与长泽规矩也先生之文，有云："此书不见于明清藏家之目，朱氏（按：此指朱彝尊）《经义考》亦注云'佚'，则其淹埋久矣。其注解纯用白话，以语言论，已为可贵，其上图下文之式，复与建安余志安刊《列女传》、虞氏刊《全相平话》同，以版本言，亦足珍也。"[①]

贯云石的《孝经直解》把《孝经》译成了元代的口语。由于他是维吾尔族，所以他更了解非汉族的其他民族在阅读《孝经》时的困难和疑义所在，因此，他的《孝经直解》很受各少数民族读者的欢迎，甚至还受到了元仁宗的赞许。

---

① 参看方龄贵先生《元史丛考》，民族出版社2004年版，第228页。

由于贯云石精通多种少数民族语言，所以他的译文采取了较为独特的方式，即在当时汉语口语的基础上，有意识地运用少数民族所熟悉、便于接受的语言形式和表述方式。这使得其译文既有当时汉语的口语特色，又有明显的少数民族语言特色，充分满足了那些粗通汉语的少数民族读者的特殊需要。[①] 此书原题《新刊全相成斋孝经直解》，序文作于元至大元年（1308年）。于至大年间进呈太子爱育黎拔力八达（后为元仁宗）。《孝经直解》是在许衡的影响下写成的，贯云石在其书卷首的自序中说：

尝观鲁斋先生取世俗之言，直说《大学》，至于耘夫莞子，皆可以明之，世人爱之以宝，士夫无有非之者。于以见鲁斋化民成俗之意，于风化岂云小补。愚末学辄不自揣，僭效直说《孝经》，使匹夫匹妇皆可晓达，明于孝悌之道。

贯云石在这里叙述说模仿鲁斋先生许衡用世俗语言"直解"《大学》，自己也"直解"《孝经》以达教化世人之目的。《孝经直解》的写作动机与许衡的《大学直解》有关，这一点在探讨两者的继承关系上也是很重要的。

刘坚先生（1985年）指出："这部书语言很通俗，与元曲、《元典章》、元代白话碑，乃至于后来的《元朝秘史》、明代的《正统临戎录》都有语言上的一脉相承的关系。"

本著作所据版本为1996年日本太田辰夫、佐藤晴彦先生依原本影印出版的《元版孝经直解》本，以来薰阁影印本做参考。

（三）许衡《直说大学要略》《大学直解》和《中庸直解》

许衡，字仲平，号鲁斋，学者称鲁斋先生。怀州河内（今河南省沁阳市）人。其学广泛，涉猎"经传子史、礼乐名物、星历兵刑、食货水利"之类，学问渊博，无所不通。其官多职，元朝廷曾召为京兆提学、太子太保、国子祭酒、议事中书省、集贤大学士兼国子祭酒、教领太史院事等职。辞世后，

---

① 转引自饶尚宽先生《试论贯云石〈孝经直解〉的语言及其价值》，载《新疆师范大学学报》1986年第2期，第91–112页。

赠为荣禄大夫、司徒，谥号为文正，后加封正学垂宪、佐运功臣、太傅、开府仪同三司、魏国公，诏从祭孔子庙庭。时有"南吴北许"之称，为元朝大儒。《元史》卷一百五十八有传。许衡直解文献，包括《直说大学要略》《大学直解》和《中庸直解》等，都是对儒家典籍的通俗解读。在《直说大学要略》中，许衡采用串讲的方法，概要式地讲述古人入小学和大学所要达到的条件，并提纲挈领式地阐述古代的小学和大学所讲授的主要内容。解说《大学》，基本是遵从朱子的解释，并夹杂了《大学》及朱子注释中并未出现的盗贼柳盗跖、苗民并驩兜、幽王和褒姒等相关的几个章节，叙述了要点，全面整体地把握住了文章的脉络。

《大学直解》和《中庸直解》两篇是许衡因朱熹的《大学章句》和《中庸章句》不适合对少数民族进行教学这一弊端而对其内容所做的进一步口语化阐释。文章采取经书原文和直解译文一对一的形式，以先解词，之后串讲整句话的意思，最后再点题重申经书中的说法为一般程序。此二书与其说是《大学》《中庸》的口语注释，不如说是《大学章句》和《中庸章句》注解的口语化更恰当一些。

关于《大学直解》《中庸直解》的成书年代，没有直接的证据可供参考。吉川幸次郎先生曾根据吴澄的《经筵讲议》是对泰定帝（1323—1328年在位）进讲的书面记录进而推论：许衡的著作也是"向世祖进讲的"，可这并没有明确的根据，《元史·世祖本纪》中并无关于许衡向世祖讲解经书的记录。清乾隆五十五年刊本《许文正公遗书》卷首收录的《续考岁略》中至元八年（1271年）的条尾说：

所著《直说大学要略》《大学直解》并《稽古千文》《编年歌括》，俱以次载入各卷中。

可以认为他所写的启蒙书是在这一时期所著。再者，《通志堂经解》中收录的纳兰成德为许衡《读易私言》作的序《题〈读易私言〉》中也有这样的记载：

公又有《直说大学要略》一卷，盖领成均时以教胄子者，直述常语，俾使通晓，可与并行者也。

故《直说大学要略》的写作是和许衡在国子学讲学有联系的。关于元朝国子学设立的经过和运营情况，《国学事迹》中引《元朝名臣事略》有一段描述许衡在至元八年（1271年）时的情况：

八年，授集贤大学士、国子祭酒。先生方居相府，丞相传旨，令教蒙古生四人。后又奉旨，教七人。至是有旨，令四方及部下，原受业者俱得预其列。即令南城之旧枢密院设学。

许衡对蒙古人子弟教育的热情在《元史》和《国学事迹》中均有描述：许衡把一切家事都交给儿子许师可，专心从事教育。对学生日常的讲学自然不必说，甚至书法、算法、礼仪作法都细心地指导。关于国子学的教育内容，《元史·选举志下》学校一条目中有详细的描述：

世祖至元七年，命侍臣子弟十有一人入学，以长者四人从许衡，童子七人从王恂，至二十四年立国子学，而定其制。设博士，通掌学事，分教三斋生员，讲授经旨，是正音训，上严教导之术，下考肄习之业。复设助教，同掌学事，而专守一斋，正录，申明规矩，督习课业。凡读书，必先《孝经》《小学》《论语》《孟子》《大学》《中庸》，次及《诗》《书》《礼记》《周礼》《春秋》《易》。博士、助教，亲授句读音训，正录、伴读，以次传习之。讲说则依所读之序，正录、伴读，亦以次而传习之。

其中列举了作为国子学教材的一些经书。又据《元史·不忽木传》，当初在许衡门下学习的不忽木（1254—1300年）等人在许衡离去后为了振兴陷入危机的国子学，于至元十三年（1276年）上书的内容中有下面的文字：

使其教必于人伦，明乎物理，为之讲解经传，授以修身、齐家、治国、平天下之道。

众所周知，"修身""齐家""治国""平天下"是《大学》的基本理念，可知当时国子学所讲解的经书中便有《大学》。

比较受学术界承认的观点认为，至元八年起的十年间（1271—1280年），许衡作为集贤大学士兼国子祭酒主宰着国子学，三种直解文献就是在他从事教育蒙古人子弟期间写成的。《大学》和《中庸》在宋代朱熹撰《四书章句集注》时与《论语》《孟子》一起被称为"四书"。《大学》提出"明明德、亲民、止于至善"的三纲领与"格物、致知、诚意、正心、修身、齐家、治国、平天下"的八条目，成为南宋以后理学家讲伦理、政治、哲学的基本纲领。《中庸》肯定"中庸"是道德行为的最高标准，把"诚"看成是世界的本体，认为"至诚"才能达到人生的最高境界，并提出"博学之，审问之，慎思之，明辨之，笃行之"的学习过程和认识方法。两书都是儒家经典。所谓"直解"，即"直白的解释"，指用口语注释经典文献。这种对经典注释的新方式，不仅有利于道学的传播，而且为今天我们研究当时的汉语口语以及汉语口语的发展提供了丰富的资料。其影响所致，明代张居正编纂《四书集注直解》可能受到许衡直解文献的启发，另外许衡所写关于《大学》的著作可能在朝鲜被用作学习汉语的教科书。①

2007年，东方出版社出版了王成儒先生点校的《许衡集》，以四库全书本《鲁斋遗书》作为底本，参校本主要有：《鲁斋遗书》明万历二十四年本、《鲁斋全书》日本宽文九年和刻本、《鲁斋先生集》清抄本、《全元文·许衡文》和《丛书集成·许鲁斋集》商务印书馆1936年版等。点校中，在底本与参校本间所缺部分，相互补全，以求完整；订正了以往仅有的部分标点篇章中存在的问题；辑录各种版本的"序""跋"以及刊出说明，标示各种版本的由来；尚存疑义的地方，列出自己的意见，置于注释当中供参考。可以说《许衡集》填补了该领域的空白，很有学术价值。

《许衡集》今人整理本另有淮建利、陈朝云点校中州古籍出版社2009年版；毛瑞方、谢辉、周少川点校吉林文史出版社2010年版；许红霞点校中华书局2019年版。

本著作所据版本为《鲁斋遗书》十四卷（明万历二十四年怡愉、江学诗

---

① 参看竹越孝先生《许衡の経书口语解资料について》，载《东洋学报》1996年第78卷第3号，第1–25页。

刻本，藏南京大学图书馆），以王成儒先生点校《许衡集》、日本竹越孝点校本等做参考。

我们知道，仅以元代直解文献作为研究对象会有一定的局限性。因此，我们参考了大量的相关语料，如宋元明清笔记、史书，元代的杂剧、散曲、南戏、白话碑、法制文书、讲史话本、会话书，明清的白话小说等。同时，尽量向上探源，涉及上古的经史子集，中古的史书、笔记小说、诗歌、汉译佛经和佛学著作等。这样将范围扩大，以期能够使探讨更加全面和深入，得出的结论更符合语言事实。

二、本书研究的意义

（一）有助于汉语词汇史研究

较之于汉语语音史、汉语语法史，汉语词汇史的研究相对来说显得有些滞后，是汉语史研究中最薄弱的一部分。究其原因，大概是词汇系统比语音系统、语法系统更加复杂，更加难以把握。但是我们并不能因为困难而停止不前。汉语词汇史的研究应该从点滴做起，一步一步地进行。袁宾先生（1992）指出："近代汉语位于古代汉语和现代汉语之间，这种特殊的位置使得近代汉语在汉语史的研究上具有特殊的重要意义。汉语几千年的发展未曾出现重大的断裂，是一个自古至今连贯的过程。探索汉语发展的来龙去脉，寻求其演进、变化的种种规律，是汉语史研究中最引人入胜，也最有价值的课题。而这种纵向研究的许多问题都必须经过近代汉语阶段才能得到完满的解决。"因此，研究汉语词汇史一定不能撇开近代汉语词汇，研究它有助于揭示汉语词汇由古到今的演变规律。

元代汉语的词汇是汉语词汇史不可遗漏的一部分。近代汉语的上下限虽有不同的说法，然而，元代汉语属于近代汉语则是公认的。直解文献是最贴近元代口语实际情形的一类文献，是元代最重要的口语语料之一，在相当程度上反映了当时口语运用的情形。元代直解文献的词语不仅是研究蒙元时期汉语口语的宝贵材料，而且还是近、现代汉语词语溯源的重要语料。因此，全面展开元代直解文献的词汇研究，有助于我们了解该时期词汇的特点和真实面貌，揭示该时期语言发展的特点和规律，从而推动近代汉语乃至整个汉语史研究的深入发展。

完整的汉语史研究，应该建立在语言个案研究的基础之上。蒋绍愚、江蓝生等先生倡导：应该对专书语言、断代语言进行深入研究。我们完全赞同前贤时彦的观点。我们认为，还可以补充一点：应该加强对专类体裁语言的研究（包括词汇研究）。因为，属于同一体裁的文献语言，往往具有相同的特征，形成一个聚合。而传世的文献基本上都是属于某一种体裁范围的。所以，通过专类体裁语言的研究，可以弥补专书语言和断代语言研究的不足，克服对语言现象认识单一、片面的弊端。①

（二）有助于常用词演变研究

20世纪90年代，张永言先生和汪维辉先生率先指出："常用词大都属于基本词汇，是整个词汇系统的核心部分，它的变化对语言史的价值无异于音韵系统和语法结构的改变。词汇史的研究不但不应该撇开常用词，而且应该把它放在中心的位置，只有这样才有可能把汉语词汇从古到今发展变化的主线理清楚，也才谈得上科学的词汇史的建立。""不对常用词作史的研究，就无从窥见一个时期的词汇面貌，也无从阐明不同时期之间词汇的发展变化，无

---

① 专类体裁词汇研究，就是以同类体裁作品的词汇为对象，进行作品与作品之间的综合研究，比如诗歌词汇研究、史书词汇研究、小说词汇研究、戏曲词汇研究、佛经词汇研究、变文词汇研究，等等。目前这样的研究成果，属于中古汉语专类体裁词汇研究的著作有江蓝生先生的《魏晋南北朝小说词语汇释》、王云路先生的《六朝诗歌语词研究》、朱庆之先生的《佛典与中古汉语词汇研究》，等等。属于近代汉语专类体裁词汇研究的著作有：张相先生的《诗词曲语辞汇释》，蒋礼鸿先生的《敦煌变文字义通释》，蒋绍愚先生的《唐诗语言研究》，王锳先生的《诗词曲语辞例释》《唐宋笔记语词汇释》，吴士勋等先生的《宋元明清百部小说语词大词典》，顾学颉、王学奇先生的《元曲释词》袁宾先生的《禅宗著作词语汇释》，王学奇、王静竹先生的《宋金元明清曲辞通释》，等等。可以说成果累累，但由于近代汉语专类体裁词汇研究涉及面比较广，部分文献的研究还比较薄弱，比如对直解作品词汇的研究就比较缺乏。

从为词汇史分期提供科学的依据。"①元代直解文献中保存了不少元代汉语常用词，这对常用词演变研究也有重要意义。

（三）有助于大型辞书的编纂

元代直解文献中保存了大量活的口语。尽管掺杂着若干文言成分及蒙古语成分，但仍然在汉语词汇史、语法史上有着重要价值。通过对元代直解文献的词汇进行历时比较研究，能够收集到一些辞书晚收或漏收的新词新义，对现行辞书进行匡补，为今后历时词典的编纂提供有用材料。

（四）有助于古籍整理与研究

郭在贻先生（1986、2005）在其《训诂学》第九章中说："我国浩如烟海的古籍，固然主要是用雅言写成的，但其中也使用了不少方俗语词，而这些方俗语词往往比雅言难懂得多，不了解这些方俗语词的特殊含义，则在古籍的校勘、标点和注释中必然会遇到一些难以克服的障碍，以致造成不应有的失误。"研究元代直解文献的词汇也有助于古籍整理与研究。

正如张玉霞先生（2007）所说，元代直解文献"提供了口语训诂的新视野""很多晦涩难懂的古语词在直解文献的注释下变得平实简易、充满活力，达到了传播普及的最终目的""具有不可忽视的文献价值，大量口语词语的使用为研究近代汉语口语的发展提供了大量实例"，在一定程度上反映了宋元时期汉语发展的真实面貌，所以，本课题的研究有较强的理论意义和实践意义。

第二节　研究现状和本书的研究目标及方法

一、相关研究的现状

下面分国内、国外两部分介绍一下相关研究的概况。

---

① 张永言、汪维辉：《关于汉语词汇史研究的一点思考》，《中国语文》1995年第6期，第401–413页。

（一）国内的研究

黎锦熙先生在20世纪20年代写成的《中国近代语研究法》中就提出可以将明代张居正的《四书集注直解》作为"近代语研究的材料"，但他未提及元代直解文献。元代汉语研究起步于20世纪。据笔者所知，"元代汉语"的称呼，最早见于罗常培、蔡美彪先生（1959）的《八思巴字与元代汉语》。元代因汉蒙语言接触，汉语在一定程度上受到了蒙古语的影响，元代汉语呈现出独特的风格。刘坚先生（1982）指出："文集里有时也能发现很宝贵的材料。比如元代的大臣给皇帝讲解汉文典籍，他们的文集里有时就保存着讲谈的记录等材料。吴澄的《吴文正公集》记有他给皇帝讲史书的'讲议'，许衡的《许文正公遗书》有《直说大学要略》《大学直解》《中庸直解》，语言都很通俗。（元代散曲作家贯云石也有用当时口语逐字逐句翻译《孝经》的《孝经直解》。）"刘坚先生（1985）收入了《孝经直解》第一章，指出："本书是元代'白话讲章'性质的书。元朝皇帝要了解汉文典籍，由汉人大臣用当时的口语来诠释讲解，写下来就成为这种白话讲章。例如许衡的《大学要略》《大学直解》（见《许文正公遗书》），吴澄的《经筵进讲》（见《吴文正公集》）。贯云石的《孝经直解》是给《孝经》所做的白话译注，于至大年间进呈太子爱育黎拨力八达（后为元仁宗）。这部书语言很通俗，与元曲、《元典章》、元代白话碑，乃至于后来的《元朝秘史》、明代的《正统临戎录》都有语言上的一脉相承的关系。"

梅祖麟先生（1984）、江蓝生先生（1994）曾引用元代直解文献作为具体语法现象的部分例子，可并没有对其整体进行论述。直接以元代直解文献的语言为研究对象的论文，较早的有饶尚宽先生（1986）的《试论贯云石〈孝经直解〉的语言及其价值》，他指出，"《孝经直解》所使用的语言，实际上记录了元代流行于北方少数民族中的汉语口语的真实状况，与今天流行于少数民族中的汉语口语有惊人的相似之处""至于当时（引者按：指元代）的曲词诗文，或纯系汉族作家所作，或虽系少数民族作家所作，行文之法全同汉族，与《孝经直解》不属一类。即就贯云石本人而言，其曲词诗文中汉语运用之纯熟精妙，完全可以与同时代的第一流汉族作家相媲美，这与《孝经直解》的语言相比，也是迥然有别的。由此可见这部出自维吾尔族作家之手的白话训诂著作在我国语言学史上所具有的独特价值"。吕雅贤先生（1993）的《〈孝经直解〉语法研究》以《孝经》《孝经御注》《孝经直解》为主要材料，着重讨论语法方面的古今差异。重点分析了《孝经直解》语句中存在的大量句末语气词，主要是近代汉语所新兴的，如"呵、有、着、者、来、么、有来、有着"等，对这些语气词的使用条件、基本作用等问题进行了较深入的研究，另外还对直解中的处置式、动补结构、疑问句、比较句、双宾语等句法问题进行分析，并与正统文言进行了对比。

1994年，曾贻芬先生在《史学史研究》上发表了《元代历史文献学的概貌与特点》一文。此文不仅注意到了直解体这种始见于元代的特殊的"解经的著作"，而且对许衡直解文献的特点进行了概要性的总结，指出许衡直解文献具有五个特点：（1）一般不旁征博引；（2）语言浅近，运用口语；（3）以解词、串讲、点题为一般程序；（4）虽多本旧注，但有所损益；（5）遇到讲不通之处，直言不能讲。不过，该文主要是从传统训诂学的角度分析许衡直解文献的讲解特点，并没过多涉及词汇研究方面。

祖生利先生（2000）把元代的"汉儿言语"叫作"洋泾浜"汉语。李崇兴先生（2001、2005）认为"以古本《老乞大》为代表的元代特殊汉语，是在特定的历史条件下形成的一种汉语变体""形成这种特殊汉语的时间是元代"，其特点是"汉蒙混杂"。李氏、祖氏等认为元代的"汉儿言语"受到了蒙古语的影响，是特殊的汉语。"汉儿言语"的书面记录是古本《老乞大》、直解类、直译体文献等。李崇兴先生（2001）证明"元代确有一种夹杂蒙古语成分的特殊口语在北方流行，这种特殊口语是产生直译体公文这种特殊书面语的现实基础，汉蒙两种语言混杂的特殊口语以及直译体书面语都是在元代特殊的历史条件下形成的，是语言接触的结果"。

马慧先生的《从〈孝经直解〉看元代训诂学的发展》通过对元代贯云石

《孝经直解》与通行的《孝经注疏》进行对比分析，从训释的内容、方法和语言方面总结规律，发现"用白话直译经学著作的方式更容易被群众接受，同时也充分地体现了训诂的宗旨，彰显了训诂学的活力"。[①]

张玉霞先生的《许衡〈大学直解〉与〈中庸直解〉的口语注释初探》从五个方面具体分析了《大学直解》和《中庸直解》中用汉语口语来注释文言的情况。认为这两部著述将传统的训诂术语用口语词予以代替，如"为、谓、谓之"等术语被"是"所替代。对于《大学》《中庸》原文的单音词则用当时的双音词替代，共计有201例，如"本"替换为"根本""物"替换为"事物"等。用口语短语注释文言词语，如"贤"释为"有才德的好人"。另外还存在用同义或近义字词替换的现象。在分析词语基础上，作者还对造成这些现象的原因进行了探究，认为元代提倡"汉化"是宏观的历史背景，许衡教学对象是蒙古子弟，这是制约条件，再一个就是语言自身的发展趋势。[②]

许红霞先生的《古籍整理研究中所需注意的方言口语问题——以许衡著作中"多咱""待见"两个词语的用法为例》以元代理学家许衡的《大学要略》《大学直解》中所使用的"多咱""待见"两个方言口语词为例，阐述其意义和用法，并指出文渊阁《四库全书》本及当代有些许衡集整理本和论文中因不明此二词意义而造成的换改、标点错误，从而提醒人们应注意在古籍整理研究中的方言口语问题，避免出错。

到目前为止，大陆硕士学位论文中对元代许衡直解文献的词汇进行研究的如：其一，刘微（2005）的论文题为《〈大学直解〉〈中庸直解〉口语词语研究》，从词汇发展史的角度出发，先对《大学直解》和《中庸直解》中的词语进行音节分类，进而"穷尽式"地研究元代口语词语在这两篇文章中的使用情况、产生年代以及词义用法的发展演变。此外，刘微还总结归纳了口语词的特点，并将《大学直解》《中庸直解》与《朱子语类》中共同使用的双

---

① 马慧：从《〈孝经直解〉看元代训诂学的发展》《固原师专学报》2006年第5期，第38–41页。

② 张玉霞：《许衡〈大学直解〉与〈中庸直解〉的口语注释初探》《重庆邮电大学学报》2007年第2期，第108–112页。

音口语词进行了比较，从而反映宋元时期词汇发展的面貌。最后总结出许衡作品口语词的诸多特点，例如双音词居多，且以联合式为主，实词存在虚化现象等。该文作者在21世纪之初充分利用科技发展的成果，采用计算机对词汇进行收集整理，特别是在词义演变、书证年代等方面进行了穷尽式的探索，这在那个时代是比较先进的，其研究成果为后继研究奠定了相应的基础。其二，佟晓彤（2007）的论文题为《许衡直解作品词汇研究》，介绍了许衡直解文献对《汉语大词典》的补正作用，从作品中的词语入手，揭示《汉语大词典》在诸如词条漏收、义项阙略、例证过晚、未探流及书证跨度较大等方面存在的缺失。她还对许衡直解文献中双音词的字序对换问题进行了研究，将作品中出现的几组字序互逆的双音词和一些与现代汉语字序相反的双音词进行分类整理，并做简要的阐释。该文还分析了许衡直解文献中的方言词，探求元代口语中的词语在现代方言中的保留情况，表明元代口语与现代各方言具有一定的渊源关系。其三，刘畅（2011）的《元白话讲章的语言学价值》偏重于这些白话文献的语言学价值研究上。该文认为白话讲章具有汉语史研究价值和训诂学价值，因而通过分析词汇史、语法史研究意义和训诂体式的拓展及功能的增强来予以论证。

虽然这些研究为我们的写作打下了基础，但以上论文在材料等方面存在着局限性。有关元代直解文献词汇的整体系统研究的论著还未出现。李崇兴等学者以汉语本体研究和语言接触研究为两条主线，从不同的角度来观照这一特殊历史时期的汉语状况。在《元代汉语语法研究》中，李崇兴等学者首先对元代汉语的语气词、述补结构、被动式、比拟式、选择问句等展开了讨论，然后对元代蒙汉语言接触的文献做全面考察，对"蒙式汉语"和"汉儿言语"的接触影响进行探究，全面论述了蒙汉语言接触的过程和阶段、程度和结果，并以郑镇孙的《直说通略》为例，挖掘、总结出彼时白话的语言特点，即不仅贴近"时语"，而且涵盖了蒙古语的干扰特征，认为郑文"行文简洁""语句简短""言简而能尽事"，口语化程度较高，具有蒙式汉语的句法特征，在语汇上表现得非常明显，存在如"做罪过、做歹勾当、要罪过、添气力"等词语，在这些研究成果基础上，还进一步总结了元代汉语演变的动因和机制。

（二）国外的研究

20世纪50年代，日本汉学家太田辰夫先生在《关于汉儿言语——试论白话发展史》一文中提出了"汉儿言语"的观念，认为自五胡十六国以降，中国北方存在着一种"汉儿言语"。并指出"（元代）真正以'汉儿言语'为写作基础的"并不是元曲宾白这样的文学作品，"而应看作是白话圣旨、《元典章》《通制条格》《永乐大典》中引用的包含着元代口语的文献，以贯云石（1286—1324）《孝经直解》为中心的各种直解类著述等"。① 太田辰夫先生（1995）还对《孝经直解》中的一批口语词进行了解释。吉川幸次郎先生（1965）的《贯酸斋〈孝经直解〉の前后》一文介绍了传世的金、元、明三朝出现的经书口语注释文献，并阐述了其在儒学史、文化史上的意义。1996年，太田辰夫、佐藤晴彦先生以元代版本影印出版《元版孝经直解》，堪称迄今为止《孝经直解》质量最高的整理本，书中收录了佐藤晴彦先生对该书进行详尽解说的文章。

日本学者竹越孝先生（1996）的《许衡の経书口语解资料について》② 一文，叙述了许衡直解文献的作者、成书年代和经过、接受和流传过程，从使用词汇方面看出《直说大学要略》和《大学直解》《中庸直解》间明显的差异，并判断《直说大学要略》很可能更能反映元朝北方的口语。另外他还重新点校了许衡的《大学直解》《中庸直解》《直说大学要略》。

从近几十年元初直解文献研究的状况来看，20世纪80至90年代和21世纪初主要集中在对作者思想文化的研讨之上，21世纪初以来，对作者思想的研究、对作品的研究呈现并驾齐驱之势，并且对作品的研究活动有日渐加强的趋势，特别是语言本体研究更是呈现良好的发展态势，有引领研究潮流的

---

① ［日］太田辰夫：《汉语史通考》，江蓝生、白维国译，重庆出版社，1991，第202页。
② ［日］竹越孝：《关于许衡的经书口语注释资料》，载焦作市地方史志办公室、焦作市中站区人民政府《许衡与许衡文化》下卷，中州古籍出版社，2007，第314-326页。

趋势。不过，仔细观察的话，新的发展势头还是存在着薄弱之处，在对元初直解文献的语言本体研究中，目前仅有数篇学位论文和期刊论文，在对词语进行研究时，仅仅是将这些词语孤立剖析，还没有意识到它们之间是体系之内互有联系的整体，缺乏聚义类合角度的审视，因而，无论是研究层次还是研究数量都是不能令人满意的，所以非常有必要加强此方面的研究工作。总体看来，迄至今日学术界对于元代直解文献的语言研究，尤其是词汇研究，虽然取得了一定的进展，但还不够深入和全面，这是和其学术价值不相称的。因此本人以元代直解文献词汇研究为选题。

二、本书的研究目标

（1）借由对元代直解文献词汇的研究，了解元代词汇演变轨迹，采用系统性的方法对元代直解文献词汇进行普查，制作词表，总结元代直解文献新词新义的演化规律，呈现元代词汇词形、词义的新面貌。

（2）借由对元代直解文献中的复音词的内容与构词形式的讨论，描绘此时期复音词演变的面貌，以期能为汉语词汇史提供素材，使汉语复音词的历时演变有具体的资料可参考。

（3）"同义词和反义词是词汇聚合关系中特殊的两类，词汇系统的不同也表现在同义词和反义词系统的不同上。"① 研究元代直解文献中的同义词和反义词系统，以更好地揭示元代汉语词汇系统的特点。

（4）以《汉语大词典》《汉语大字典》为参照，从提前书证、补充书证、增补词目和义项、匡谬正误等方面发掘元代直解文献词汇对于辞书编纂的重要价值。

（5）与《孝经注疏》和《四书集注》等进行比较，以探讨由上古到唐宋再到元代汉语词汇发展变化的某些特点。

（6）以《现代汉语词典》为参照，探讨元代直解文献词汇对现代汉语的

---

① 蒋绍愚:《古汉语词汇纲要》，商务印书馆，2005，第279页。

影响，包括词语的保留、消亡以及词义的变化。

（7）从词汇角度对现有元代直解文献的整理进行审视，以期能够为今后的古籍整理提供借鉴。

三、本书的研究方法

王力先生（1980）指出："谈到语言史的研究方法，不能不谈到历史比较法，因为历史比较法是语言的历史研究的重要方法之一。"徐通锵先生（1991）说："方言或亲属语言的差别往往能反映语言的发展线索，只要我们深入调查，挖掘隐藏在语言中的歧异，加以比较，一定会发现语言发展的一些规律性现象。把汉语方言的活材料和历史上遗留下来的文字、文献的死材料紧密地结合起来，这是汉语史研究的一条有效途径。"

程湘清先生在他主编的汉语史断代研究论文集中把专书研究的方法总结成四点："解剖麻雀、由点窥面；历史比较，鉴别异同；分门别类，静态描写；定量分析，从数求质。"方一新先生在谈到探讨词义训释的方法时提出了查考、汇证、推阐、审例、比较、探源、求验七个步骤，认为在具体释义时应当多种方法交错贯通、综合运用。[①]我们在吸收前辈专书词汇研究的方法的基础上，结合语料的特殊性，主要采用以下研究方法。

（一）辨别字形

词语字形的正确辨识是进行词汇考释的前提，所以辨别字形是我们采用的重要方法之一。在元代直解文献中，异形同字的现象比较普遍。即一个字可以有两个或多个异体字、俗字。（详见本书第一章第三节"元代直解文献词汇的词形特点"的有关讨论）这就要求我们具有文字辨识的能力。

（二）共时研究与历时研究相结合

这是分析词语发展脉络，探讨演变轨迹的有效途径之一。蒋礼鸿先生曾

---

① 方一新：《中古汉语词义求证法论略》《浙江大学学报》（人文社会科学版）2002年第5期，第34–42页。

说："研究古代语言，我以为应该从纵横两方面做起。所谓横的方面是研究一代的语言，如元代。其中可以包括一种文学作品方面的，如元剧；也可以综合这一时代的各种材料，如元剧之外，可以加上那时的小说、笔记、诏令等。当然后者的做法更能看出一个时代语言的全貌。所谓纵的方面，就是联系起各个时代的语言来看它们的继承、发展和异同，《诗词曲语辞汇释》就是这样做的。入手不妨而且也只能从一小部分一小部分做起，但到后来总不能为这一小部分所限制；无论是纵的和横的，都应该有较广泛的综合。"①我们在考释词语的过程中，注意结合共时和历时的语料，运用归纳排比的方法，对词语条分缕析，以此来推求词义运动的规律。

（三）资料统计，对比分析

所谓"资料统计，对比分析"就是依托现有的一些大型语料库以及笔者自建的语料库，运用检索软件，通过计算机对词语进行统计，再根据统计结果对词语进行对比分析的方法。我们通过这种方法来揭示词语的产生、发展和变化，彰显一些同义的常用词之间的更替。在此基础上，我们将充分吸收近年方法论研究的成果，做到定性、定量分析的有机结合，组合搭配考察与语境差异分析的有机结合。各种方法的使用是灵活的，如"复音词"一章着重于共时平面的描绘分析，"新词新义"一章着重于历时的比对。

（四）描写与解释相结合

在共时描写的基础上，对词语上探其源，下察其流，搞清这些词语的历时演变情况，加深对词汇发展变化的认识。由于元代直解文献基本的词汇和语法贴近当时现实口语，同时又掺杂中古蒙古语成分，与纯粹汉语有所不同，本书尽量采取汉蒙语言比较法，为其中的特殊词汇现象的形成原因找到合理解释。

理论上，本书力图运用语言接触理论、常用词演变理论等，尤其是注重

---

① 蒋礼鸿：《敦煌变文字义通释·序目》，上海古籍出版社，1981，第1-2页。

词汇化理论的运用。董秀芳先生（2002）认为："所谓词汇化，是指非词的语言形式在发展过程中变为词的过程。词汇化与语法化一样都是语言单位从理据清晰到理据模糊、从分立到融合的变化。除联绵词与音译词以外，占现代汉语词汇系统主体的双音词在历史上的产生和发展就是一个不断词汇化的过程。历时的考察可以发现，汉语双音词有三类主要历史来源，一是从短语降格而来，二是从由语法性成分参与形成的句法结构中衍生出来，三是从本来不在同一个句法层次上的跨层结构中脱胎出来。其中，从短语降格而来的双音词最多。"以此理论可以解释元代直解文献反映的词汇化现象。

第三节　元代直解文献词汇的词形特点和内部差异

一、元代直解文献词汇的词形特点

由于时代的限制，元代社会对语言文字尚没有官方的规范，因此元代直解文献中存在某一词语有着不同的书写形式，即同词异形现象。搞清元代直解文献词形的情况，也是研究元代直解文献词汇的前提。总体看来，元代直解文献中的不规范字和一字（词）多形现象比较多。元代直解文献词语的书写形式可以分成以下六种情况。

1. 有的规范字形早已存在，元代直解文献由于要引用原文仍仿古用旧的写法，如（括弧内为相应规范字形）：

（1）遯（遁）

"依"是循，"遯"是隐遯，"悔"是怨悔。孔子又说：君子不为素隐行怪，则依乎中庸之道而行，又不肯半涂而废，是以隐遯于世，人不见知，亦无怨悔。（《中庸直解》第十一章）

此类词还有"迸（屏）""涂（途）"等。

2. 有的是规范字形和不规范字形共存，很多情况下是经典原文使用不规范字，直解用规范字，如：

（1）说／悦

"渊"是水之深处。"见"是着见。"说"是喜悦。（《中庸直解》第三十一章）《中庸》原文使用古字"说"，直解用后起的规范字"悦"。

此类词还有"諟／是""僇／戮"等。

3. 另一种情况是，经典原文使用的字形有两种，直解使用不规范字，如：

（1）争／诤

经文中所谓齐其家在于修其身者为何？盖人于骨肉之间固当亲爱，然只管随其之所向，不知父有不义也当争，子有不善也当教，便是陷于亲爱的一偏。（《大学直解》第八章）

按：谏诤的"诤"古作"争"，《说文注笺》："灏按，争诤古今字，争之本义为两手争一物，引申之，则争言亦谓之争，《孝经》曰：'天子有争臣。'《荀子·臣道》篇：'有能进言于君用则可不用则死，谓之争。'是也。"《史记》谏诤的诤都写作争，汉代刘向《说苑·臣术》："有能尽言于君，用则留之，不用则去之，谓之谏；用则可生，不用则死，谓之诤。"作"诤"，并与"谏"对文。《说文解字·言部》（以下简称《说文》）："诤，止也。从言争声。"元代直解文献中"诤"只出现在《孝经》篇名中。

4. 经典原文使用不规范字，直解中既有规范字，也有不规范字，如：

（1）蚤／早

君子未有不如此而蚤有誉于天下者也。（《中庸》第二十九章）

故于那达道或有生而自能知的，或有学而后能知之的，或有因心衡虑，发愤强来，而后能知之的，这三等人其闻道虽有蚤晚，然到那知之之地只是一般，所以说"及其知之一也"。（《中庸直解》第二十章）

那卿大夫早起晚息，休怠慢，官里根底扶侍着。（《孝经直解》第四）

按："蚤"通"早"，《诗·豳风·七月》："二之日凿冰冲冲，三之日纳于凌阴，四之日其蚤，献羔祭韭。"因此古汉语复音词中的语素"早"经常被"蚤"替代。仅《汉语大词典》所收的就有"蚤已、蚤日、蚤夭、蚤正、蚤世、蚤死、蚤成、蚤年、蚤见、蚤作、蚤没、蚤段、蚤知、蚤服、蚤夜、蚤孤、蚤食、蚤计、蚤退、蚤蚤、蚤起、蚤莫、蚤晏、蚤衰、蚤晨、蚤晚、蚤达、蚤闲、蚤岁、蚤图、蚤寡、蚤实、蚤虑、蚤豫、蚤膳、蚤临、蚤济、蚤亡、蚤入晏出、蚤出夜入、蚤出莫入、蚤朝晏退、蚤朝晏罢、蚤寝晏起、蚤兴夜寐、蚤谋先定"等词。这些词汇的形体很多在进入现代汉语之前就已经消失了,有的被规范形式所取代。元代直解文献主要用"早",但也偶尔用"蚤"。

(2)菑/裁/灾

"菑"是天菑,"害"是人害,"善者"是有才德的好人。曾子说,人君若用小人治国家,他聚财害民无所不为,必然致得天菑人害一时并见,到这时节虽去用那好人也救不得了,所以说"无如之何"也。(《大学直解》第十章)

"愚"是无德的人。"贱"是无位的人。"反"是复。"裁"是裁祸。(《中庸直解》第二十八章)

元代直解文献主要用"灾",但也用"菑""裁"。

(3)辟/譬/避/僻

"辟"与"譬喻"的"譬"字同。(《中庸直解》第十五章)

子思又说:孔子之德广厚高明,辟如那天地一般,无有一物不持载于上,也无有一物不覆帱于下。(《中庸直解》第三十章)

子思引孔子之言说:天下之人个个都说自己明知,然日用之间祸机在前,便当辟去。今乃被人驱逐,如禽兽落在网罟机槛之中,陷在陷阱坑坎之内,不知辟去。如此岂得为知乎?(《中庸直解》第七章)

当国家无道之时可以隐去。其默而不言,足以避免灾害而容其身。(《中庸直解》第二十七章)

"隐"是隐僻。(《中庸直解》第十一章)

"辟"是偏辟。(《大学直解》第十章)

元代直解文献用"譬、避、僻",但也用古字"辟"。

（4）倍 / 背

朝聘去时，燕赐之礼常从厚，贡献来时，方物之数常从薄。这是惟恐匮其财，则天下诸侯都竭忠效力以蕃卫王室，都无有倍畔的心，故曰"所以怀诸侯也"。（《中庸直解》第二十章）

"上"指人君说，"老"是父母，"老老"是尽事老之礼，"兴"是兴起，"长"是兄长，"长长"是尽事长之礼，"恤"是哀矜，"孤"是幼而无父的人，"倍"是违背。（《大学直解》第十章）

元代直解文献主要用"背"，但也偶尔用通假字"倍"。

（5）队 / 坠

子思说：圣人之德充积既极其盛，发见又当其可，是以佳声美名充满乎中国，中国的人皆知之。传播于蛮貊，蛮貊的人也知之。舟车可到之处，人力可通之地，尽天之所覆盖，极地之所持载，日月之所照临，霜露之所队落的去处，凡有血气而为人类者一一尊之为君王，无有不敬的。（《中庸直解》第三十一章）

孔子又说：武王、周公所以谓之达孝者无他，只是他能继志述事而已。盖前人有欲为的心志而未成，他便能继续之，使有成就，前人有已成的事功而可法，他便能传述之，使不废坠了。所以通天下的人无不称他做孝。（《中庸直解》第十九章）

按：队的本义是"物体从高往下坠落"，《说文》："队，从高队也。"段注："队、坠正俗字。古书多作队，今则坠行而队废矣。"《说文系传》："颠队字，本无土也。"《左传》"坠落"的坠写作队，如《庄公八年》："公惧，队于车。"后来队多用作队伍义。大徐本《说文》新附字收坠字，释为"陊也"（陊即堕）。引申表示"丧失；败坏"，如《尚书·酒诰》："今惟殷坠厥命。"孔传："今惟殷纣无道，坠失天命。"《国语·楚语下》："自先王莫坠其国，当君而亡之，君之过也。"韦昭注："坠，失也。"《文选·韦孟〈讽谏〉诗》："五服崩离，宗周以坠。"李善注："坠，失也。"宋王禹偁《监察御史朱府君墓志铭》："文学政事，不坠家法。"《元史·仁宗纪三》："当思乃祖乃父忠勤王室，仍以古名臣为法，否则将坠汝家声，负朕委任之意矣。"元代直解文献主要用"坠"，但也偶尔用"队"。

（6）道／导

桀王、纣王不行仁德，政事暴虐，待教天下行仁，百姓每怎生行得仁？上头人不曾教导，下头人怎生学得？（《直说大学要略》）

曾子说，人君之治国家，不肯修德，专务聚财害民，必有小人引道得他如此。（《大学直解》第十章）

按：《说文义证》："寸部导，后人加之。经典导引亦作道，隐五年《左传》：'请君释憾于宋，敝邑为道。'是也。陆德明《释文》：'道音导，本亦作导。'"元代直解文献用"导"，但也用古字"道"。

（7）揜／掩

"君子"是好的一样人，"厌然"是惶恐要藏躲的模样，"揜"是遮盖，"着"是显著。曾子又说，小人在没人处干了不好的事，及至见了君子的人却心里惶恐，左遮右盖，要揜他不好的事，显出他好的事来。（《大学直解》第六章）

有一等人常常的做歹勾当，却来人面前说道："俺做的勾当好。"便如掩着那耳朵了去偷那铃的也似。（《直说大学要略》）

元代直解文献用"掩"，但也用异体字"揜"。

（8）谬／缪

"君子"指王天下的说。"道"即议礼制度考文之事。"征"是验。"庶民"是百姓。"考"也是验。"三王"指夏禹商汤周文武。"缪"是差缪。（《中庸直解》第二十九章）

子思又说：人能自戒惧而约之，以至于至静之中无所偏倚，则吾之心正，天地之心亦正，故三光全，寒暑平，山岳奠，河海清，而天地各安其所矣。自谨独而精之，以至于应物之处无少差谬，则吾之气顺，天地之气亦顺。（《中庸直解》第一章）

元代直解文献用"谬"，但也用通假字"缪"。"缪"字同期用例如元钱霖《哨遍》套曲："一斗粟与亲眷分了颜面，二斤麻把相知结下寇雠，真纰缪。"

5. 经典原文中没有的字，直解中既有规范字，也有不规范字，如：

（1）畔/叛

朝聘去时，燕赐之礼常从厚，贡献来时，方物之数常从薄。这是惟恐匮其财，则天下诸侯都竭忠效力以藩卫王室，都无有倍畔的心，故曰"所以怀诸侯也"。（《中庸直解》第二十章）

子思承前面说：君子既能修德凝道，于那道之大小无有不尽，所以居在人上，必能谨守其身而无矜肆之心，处在人下，必能忠爱其上而无背叛之念。（《中庸直解》第二十七章）

（2）媚/姻

人君于宗族之亲尊其爵位以贵之，重其俸禄以富之，兄弟婚姻不使相远，好恶之事必与之同，则有恩有义，亲族都各逐其情，故曰"所以劝亲亲也"。（《中庸直解》第二十章）

然亲亲中间，自父子、兄弟以至于宗族、媚党，自然有个降杀。尊贤中间，大贤则事之为师，次贤则资之为友，自然有个等级。（《中庸直解》第二十章）

这一类在元代直解文献中不多见。

6. 经典原文使用规范字，直解中既有规范字，也有不规范字，如：

（1）卹/恤

上老老而民兴孝，上长长而民兴弟，上恤孤而民不倍。（《大学》第十章）

为人君的能以事老之礼孝顺自家的父母，则下面百姓也都兴起事父母的孝心；为人君的能以事长之礼恭敬自家的兄长，则下面百姓也都兴起事长的弟心；为人君的能哀矜那孤幼的人，则下面百姓也都兴起其慈心爱恤孤幼，不肯违背了。（《大学直解》第十章）

"柔"是宽卹的意思。（《中庸直解》第二十章）

元代直解文献用"恤"，但也用异体字"卹"。

元代直解文献同词异形的具体出现情况见下表一。

表一：元代直解文献同词异形统计表　　　　　单位：次

字形	总出现频次（由该字构成的双音词的出现频次）	字形	总出现频次（由该字构成的双音词的出现频次）
倍	3（倍畔1）	背	10（背叛2）
畔	1（倍畔1）	叛	4（背叛2，众叛亲离2）
蚤	1（蚤晚1）	早	6
谩	6	瞒	2（欺瞒2）
閒	3	闲	2（闲住1）
辞	16（叹辞2，疑辞1）	词	6（叹词1，疑词1）
辟	11（辟如5）	譬	10（譬如5）
道	2（教道1）	导	2（教导1）
阙	6（欠阙1）	缺	2（欠缺1）
託	4（託物起兴1）	托	2（托物起兴1）
媢	1（媢党1）	姻	1（婚姻1）
翫	1（游翫1）	玩	2（玩味2）

说明：1. 出现频次按对当义项统计。2. 元代直解文献中出现的词形到现代汉语中很多被规范化，如上表左栏中的"辟如""閒""託""教道""媢""翫"等。

二、从词汇看《直说大学要略》和《大学直解》《中庸直解》的差异

如前所述，《大学直解》和《中庸直解》两篇文章采取经书原文和直解译文一一对照的形式，即在原文后面用元代白话加以翻译。《经筵讲义》和《孝经直解》也与之类似。而《直说大学要略》却采取了另一种行文形式，即运用元代白话对经书原文进行解释、阐发，不把原文完全翻译过来。也正因如此，《直说大学要略》的篇幅远远小于《大学直解》，这是二者的显著差异之一。

从语言面貌上也可以看出，《直说大学要略》和《大学直解》《中庸直解》之间存在很明显的差异。这可以通过比较《直说大学要略》和《大学直解》

内容相同的部分看出。比如记述汤王盘铭的部分，《直说大学要略》记述如下：

> 汤王去沐浴盆上，写着"苟日新，日日新，又日新"。如人身上有尘垢，今日洗了，明日又洗，每日洗得身上干净。若一日不洗呵，便尘垢生出来。恰似人心里常常地思量呵，好公事每日行着，不教错了。若一日不思量呵，恐怕便行得错了。这的是那明明德。

这个部分在《大学直解》传二章开头与"引文"相对，有如下直译：

> 成汤以人之洗濯其心以去其恶，如沐浴其身以去其垢，故铭刻几句言语在盘上说，为人君的着实能一日之间洗去那旧染之污以自新，则当因这已新的而日日新之，又无时不新之，工夫不可略有些间断。这便是"苟日新，日日新，又日新"。

可以看出，《直说大学要略》相对而言要比《大学直解》更口语化一些。太田辰夫先生早在1957年就指出三本书中《直说大学要略》是最口语化的。

下面试举几个具体例子比较《直说大学要略》和《大学直解》《中庸直解》间的用语差异。表达同一个意思，《直说大学要略》和《大学直解》《中庸直解》使用不同的词。这是二者词汇差异的重要表现。比如（《直说大学要略》—《大学直解》《中庸直解》）：

（1）"这的""阿的"—"这"

根据梅祖麟先生（1984、1987），北方口语中的指示代词"这""那"到元末仍不能单独作主语。"这"若作主语需用双音节的"这的""这个""阿的""兀的"。《直说大学要略》中"这的"有8例，"阿的"1例，后均接系词"是"，如：

> 这的是大学里一个好法度。
> 这的便是新民。
> 阿的是根脚起处。

《孝经直解》有"阿的"11例，"这的"2例。可在《大学直解》《中庸直解》中不见这些双音节词，"这"单独作主语后接"是"的例子，《大学直解》有55例，《中庸直解》49例，如：

> 这是曾子传《大学》的第四章。(《大学直解》第四章)
> 这便是"新民"。(《大学直解》第二章)
> 这便是南方之强。(《中庸直解》第十章)

（2）"这般""这般样"——"这等""这样"

指示近称的指代词，《直说大学要略》有"这般"12例，"这般样"1例，如：

> 见这般人，教与那天与的仁、义、礼、智、信五常之德。
> 这般的便是那心不正、昧了心要谩人的人。
> 这般呵，财常不阙少。
> 这般样思量呵，便是明德、新民到得那至善的意儿。

与此相对，《大学直解》有"这等"12例，"这样"2例。《中庸直解》中"这等"11例，如：

> 这等人不是不知善当为，恶当去。(《大学直解》第六章)
> 这等的都是偏之为害。(《大学直解》第八章)
> 这等呵，便自家心上方才快足，所以谓之"自谦"。(《大学直解》第六章)
> 不知这样人也有不当怜悯处，一向怜悯他。(《大学直解》第八章)
> 似这等人，必然有祸患及身，不能自保。(《中庸直解》第二十八章)
> 如今若有那时这等的君臣，则文王、武王的政事便都兴举了。若无有那时这等的君臣，则文王、武王的政事便都息灭了。(《中庸直解》第二十章)

《孝经直解》中有"这般"28例，而无"这等""这样"的用例。

（3）"省得"—"晓得"

相当于"懂得""了解""知道"之意的"省得"在《直说大学要略》都是肯定形式，出现5次，如：

大虫豹子不吃他孩儿，便自省得那父子的道理。雁大的小的厮随着成行飞呵，便自省得那兄弟的道理。狗认得主人，便自省得那恩义的道理。

好的歹的，合做的不合做的，都省得了。

《大学直解》《中庸直解》未出现"省得"，相当处用"晓得"。《大学直解》有4例，《中庸直解》有1例。《大学直解》中否定形式"晓不到"有1例。如：

人若是先晓得那所当止的去处，志便有个定向，无疑惑了。（《大学直解·经》）

人若到那豁然贯通处，则于万物的道理，显隐精粗无一些晓不到。（《大学直解》第六章）

凡事物之来，吉凶祸福，他都预先晓得。（《中庸直解》第二十四章）

《孝经直解》中有"省得"5例而无"晓得"。据《汉语方言大词典》，现代汉语江淮官话和赣语中还有当"知道"讲的"省得"一词。（第4084页）

（4）"呵"—"时"

假设助词"呵"盛行于元代，是"汉儿言语"中经常用到的词，在《孝经直解》中出现百次以上，《经筵讲议》出现了5次。《直说大学要略》中也有35处之多，大部分表假定，不过单独表停顿的例子也有，如：

我若行得正做得正呵，我又怕甚么？（表假定）

在上的正呵，在下的也正。一家正呵，在下孩儿每都正。一国正呵，天下的人心都正。（表假定）

有说那在新民呵，民是天下百姓，若不教道，多是合仁处不仁，合义处不义，合礼处不礼，合智处不智，合信处不信。（表停顿）

这个"呵"在《大学直解》中出现7次，全都表示假定，例如：

人若富足呵，房屋便妆饰得鲜美；人若有德呵，体便发见得润泽。（《大学直解》第六章）

朱子说经文所言"致知在格物"者，是说人要推极自家心里的知识呵，便当就那每日所接的事物上逐件穷究其中的道理，务要明白，不可有一些不尽处。（《大学直解》第六章）

孙锡信先生（1999）认为语气词"呵"在宋词中出现，从表达功能角度看，它与唐五代的语气词"后""好"一脉相承，其用法按太田辰夫的意见主要有三种：表示命令、禁止；表示疑问、推测；表示假设。其中表假设用法的引例为宋李之仪词："归来呵，休教独自，肠断对团圆。"他想用太田辰夫的这个孤例说明宋代"呵"表假设语气的用法。

张延成先生（2001）统计了《全宋词》中含"呵"的词句共有96个，"呵"字大都是表示用嘴吹气和呵护之类的意义，其中称得上是语气词的用例不超过10个，而没有发现属于表假设语气的用法。他认为太田的例子来自李之仪的一首"思归"词："一到江南，三逢此夜，举头羞对婵娟。……何事佳期再睹，翻怅望、重叠关山。归来呵，休教独自，肠断对团圆。""归来呵"有明显的祈使语气，若说是表假设语气殊觉未妥。

余志鸿先生（1992、1999）认为，"呵"等"后置语法标记的产生与北方阿尔泰民族语言在特殊历史时期对中原地区的渗透有关，是语言交融的结果"。

祖生利先生（2002）就蒙汉对译对"呵"产生的影响做了细致的讨论，他认为："假定式副动词表示该动作、状态是假设的，或是后一动作或状态出现的条件。中古蒙古语里假定式副动词附加成分是—asu/—esü、—basu/—

besü。在《蒙古秘史》《华夷译语》译文中，一般用语气助词'呵'来对译。"①

据李泰洙先生（2000）考察，元代古本《老乞大》中还有较多"呵"的用例，到明初《谚解》本《老乞大》中一例也没有了。张延成先生（2001）统计元杂剧《倩女离魂》《窦娥冤》就发现16例，《水浒传》中只有2例，《西游记》中只有8例。看来表假设的语助词"呵"主要是在元代产生、发展乃至成熟的，元代以后用的就少了②。元代"呵"的发展主要由于受汉译蒙古语的影响。

颇有意义的是，《大学直解》中与"呵"同义的助词"时"也有2例表示假定的用法：

用工到那积累多时，有一日间忽然心里自开悟通透。（《大学直解》第六章）

人君一身行得好时，便可以安定其国，这都是教成于国的效验。（《大学直解》第九章）

竹越孝先生（1996）引用了《朴通事谚解》后附的崔世珍著《单字解》所说："时，犹'则'也。古本用'呵'字，今本皆易用'时'字，或用'便'字。"并推断"元本《老乞大》中用'呵'的地方后来都被改成了'时'，从这里可以窥知'呵'是更古老的说法"，似认为"时"表示假定是晚起的新用法，我们认为此观点难以成立，因为"时"表示假定用法唐代已见，例如："臣妾饮时，号曰发装酒。圣人若饮，改却酒名，唤甚即得？号曰万岁杯。"（《韩擒虎话本》，《敦煌变文校注》第299页）元代的用例如："你若肯时肯，不肯时罢手，休把人空拖逗。"（吕止庵《醉扶归》）江蓝生先生（2002）正确地指出：假设助词"时"南北通用，历经唐宋元明清，直到今天还残存在一些方

---

① 《蒙古秘史》的用例如：（1）不曾嫁人呵，索与弟朵奔篾儿干做妻。（校勘本《蒙古秘史》，第915页）（2）你若有性命呵，似我般妇人有也者。（同上，第929页）

② 据都兴宙先生（1998）研究，现代青海方言中还保留着这个词。

言中。

　　另外，《直说大学要略》中的"时"字似乎也有一例表示假定的用法："虽独自坐时，也常把心来休教纵了。"

　　通过以上例子可以看出，在用词方面，《直说大学要略》和《大学直解》《中庸直解》差异较大，表示同一意义所用词汇不同，尤其（1）（2）（3）项用词的偏向很明显。若将《孝经直解》及《原本老乞大》中各词汇的使用状况与之对比，可知与《直说大学要略》用词很接近。

　　梅祖麟先生（1984）认为，因为在南方"这"成为主语出现在北方之前，《直说大学要略》和《大学直解》《中庸直解》中"这的"和"这"的差异其实就是讲义笔录者的语言的南北差异。虽然《大学直解》《中庸直解》中可见"晓得"一类的南方词汇，可是通过上述分析，可能两者的语言差异是南北差异之前的时代差异。不过，近代汉语词汇、语法中的时代差别、地域差别错综复杂，二者的语言差异究竟是时代差异还是南北差异，尚难论定。

　　《直说大学要略》很可能更能反映元朝北方口语，在今后使用直解作材料时，这是应该留意的一点。

第二章

元代直解文献中的承古词语

元代直解文献中的词汇不是凭空产生的，其中大多数词语都能在前代文献中找到用例。正如方一新先生所说："一个时代词汇的存在和发展，离不开对前代词汇的继承和创新，同时又为后世词汇的形成及演变打下了基础。"[①] 因此，考察直解词语，无论是书面语词还是口语词，都应该上溯到元代以前，以挖掘相关的联系。我们认为，直解中的承古词语大体可以分为：来源于上古汉语时期（先秦至西汉）的词语、来源于中古汉语时期（东汉至隋代）的词语。而且元代直解文献中的承古词语后来也有所发展。以下分三节论述。

第一节　来源于上古汉语时期（先秦至西汉）的词语

直解文献对一些经典中的古词语做出了解释，这些被解释的古词语都属于承古词语。从使用的场合看，一部分被解释的原典词语或词义在其他非引用的场合并不为直解作者所使用，例如：

（1）"人之彦圣，其心好之，不啻若自其口出，实能容之。""彦"是美士，"圣"是通明，"不啻"是不止的意思。（《大学直解》第十章）

例中"不啻"在本书研究的语料范围内仅见于此。

（2）"衽金革，死而不厌，北方之强也，而强者居之。""衽"是席。"金"是刀镪之类。"革"是盔甲之类。（《中庸直解》第十章）

例中"金"表示"刀枪之类武器"的义项在本书研究的语料范围内仅见于此。此类词还有"两端、革、祯祥、忌惮、陷阱、期、期月、拳拳、服膺、

---

① 方一新:《东汉魏晋南北朝史书词语笺释》，黄山书社，1997，第21页。

白刃、宽柔、金革、素隐、遯世、造端、贫贱、夷狄、患难、侥幸、令德、保佑、受命、裳衣、时食、宗器、祖庙、方策、为政、修道、妖孽、四体、自成、终始、优优、精微、自专、制度（动词）、覆帱、祖述、宪章、夙夜、蛮貊、洋溢、经纶、内省、屋漏、声色、笃恭、鈇钺、贯通"等。这样的词语属于经典原文所用的词语，并非直解作者时代的词语。

另一部分被释词语还出现在直解文献的其他场合（如串讲）中，例如：

"有土此有财，有财此有用。""财"是货财，"用"是用度。（《大学直解》第十章）

例中"财"还出现在其他地方，如：

财是百姓之心。（《直说大学要略》）

我们认为它在元代直解文献中仍在使用。此类词还有"朋友、夫妇、贵贱、自得、上位、鬼神、修身、成功、财用、四方、好恶、从容、至诚、悠远、博厚、高明、星辰、无穷、广大、禽兽、发育、威仪、自用、制度（名词）、礼乐、错行、血气、先后"等。

为《汉语大词典》（下文简称《大词典》）收录的元代直解文献中来源于上古汉语的词，从《大词典》书证时代上可分为以下两类。

1.《大词典》首引上古文献作例证的

如"爱惜、爱恤、爱养、安定、蚤晚、早起、造化"等。

2. 书证可提前到上古的双音词

《大词典》始见例出自近代汉语前期（唐代至元代）语料的直解词语中，有一部分在唐以前的文献中可以找到用例，也就是说，它们属于沿用自上古、中古时期的承古词语。其中已见于上古时期文献的词语有（按音序排列）：

A

【安舒】安适舒坦。例如：百方之事，万变锋出，或欲持虚，或欲持实，或好浮游，或好诚必，或行安舒，或为飘疾。（《说苑》卷十六）《大词典》首引宋代苏舜钦《答范资政书》为例①。

C

【出嫁】女子离开母家与丈夫成婚。例如：故年少则从乎父母，出嫁则从乎夫，夫死则从乎子，礼也。（《古列女传》卷一）《大词典》首引唐代韩愈《与李秘书论小功不税书》为例。

D

【地土】犹土地；土壤。例如：王不见夫江南之树乎？名橘，树之江北则化为枳。何则？地土使然尔。（《韩诗外传》卷十）《大词典》首引《新唐书·贾耽传》为例。

【独自】自己一个人；单独。例如：庄生知其意欲复得其金，曰："若自入室取金。"长男即自入室取金，持去，独自欢幸。（《史记》卷四十一）《大词典》首引五代齐己《怀洞庭》诗为例。

F

【凡事】不论什么事。例如：凡事若小若大，寡不道以欢成。（《庄子·人间世》）《大词典》首引前蜀魏承班《谒金门》词之二为例。

Q

【其间】其中；那中间。例如：譬犹水火不相能，然也，而鼎在其间，水火不乱，乃和百味，是以君子不可不慎择人在其间。（《说苑》卷十八）《大词典》首引唐代韩愈《谢自然》诗为例。

T

【叹辞】【叹词】慨叹之词。例如：在上，在民上也。于，叹辞。（《诗·大雅·文王》"文王在上，于昭于天。"汉毛亨传）《大词典》"叹辞"首引《诗·周颂·武》："于皇武王，无竞维烈。"宋朱熹集传为例。现代汉语中一般只写作"叹词"。

---

① 为节约篇幅，每词或词义仅举一个时代较早的例证（限于本人目见，仅供参考），直解中的用例也从略。

X

【形见】显现，流露。例如：然后立之学等，广其节奏，省其文彩，以绳德厚，律小大之称，比终始之序，以象事行，使亲疏贵贱、长幼男女之理皆形见于乐，故曰乐观其深矣。(《说苑》卷十九)《大词典》首引唐代元稹《莺莺传》为例。

Y

【疑辞】【疑词】不确切的言辞。例如：地而后伐，疑辞也，非其疑也。(《春秋谷梁传·桓公十五年》)《大词典》"疑词"条首引《文献通考·经籍二十》为例。此词现代汉语中已经消亡。

Z

【长育】培育。例如：远者怀其德，四时不失序，风雨不降虐，天明象而赞，地长育而具物，神降福而不靡，民服教而不伪，治无怨业，居无废民，此圣人之得意也。(《晏子春秋》内篇问上第三)《大词典》首引宋代苏舜钦《上范公参政书并谘目七事·谘目一》为例。

我们认为《大词典》中以上这些词语的书证时代都应当提前。

第二节　来源于中古汉语时期（东汉至隋代）的词语

来源于中古汉语时期的词语包括来源于晚汉三国、两晋、南北朝以及隋代的词。从《大词典》书证时代上大致可分为如下两类。

1.为《大词典》收录并首引中古文献作例证的

如"本来、本分、精细（'精密细致'义）"等。

2.书证可提前到中古的双音词及词义

《大词典》首引近代汉语前期用例的"直解"词语或义项已见于中古时期文献的有（按音序排列）：

A

【安行】谓发于本愿，从容不迫地实行。例如：孙统为柔集叙曰：柔字世

远，乐安人，才理清鲜，安行仁义。(《世说新语·轻诋》南朝梁刘孝标注)
《大词典》首引宋代陈亮《勉强行道大有功》为例。

　　B

【宝重】珍惜重视。例如：干将采五山之精，六金之英，候天地，伺阴阳，百神临视而金铁之精未流，夫妻乃剪发及爪而投之鑪中，金铁乃濡，遂成二剑，阳曰干将，而作龟文；阴曰莫邪，而作漫理。干将匿其阳，出其阴以献阖闾，阖闾甚宝重之。(《世说新语·赏誉》"譬诸宝剑，则世之干将"刘孝标注引《吴越春秋》)《大词典》首引《元史·欧阳玄传》为例。

【饱暖】食饱衣暖。例如：故法禁屈挠于执族，恩泽不逮于单门。宁饥寒于尧舜之荒岁兮，不饱暖于当今之丰年。(《后汉书·文苑传下·赵壹传》)《大词典》首引宋代王禹偁《十月二十日作》诗为例。

【卑幼】指晚辈年龄幼小者。例如：夫西方，长老之地，尊者之位也。尊长在西，卑幼在东。尊长主也，卑幼助也。(《论衡·四讳》)《大词典》首引宋代王谠《唐语林·补遗三》为例。

【辨别】分辨区别。例如：子张问崇德辨惑者，问求崇重有德、辨别疑惑之法也云。(《论语义疏》卷六)《大词典》首引唐代元稹《哭子》诗之二为例。

【不比】不可相比；不同于。例如：抱朴子曰：其次有饵黄金法，虽不及金液，亦远不比他药也。(《抱朴子内篇》卷四)《大词典》首引唐代杜甫《奉赠王中允维》诗为例。

　　C

【出仕】出来做官。例如：如出仕未有功，太公肯赏之乎？赏须功而加，罚待罪而施，使太公不赏出仕未有功之人，则其诛不仕未有罪之民，非也。(《论衡·非韩》)《大词典》首引唐代韩愈《送董邵南序》为例。

　　D

【多时】很长时间。例如：弟子如言诣支公。正值讲，因谨述开意，往反多时，林公遂屈。(《世说新语·文学》)《大词典》首引唐代杜甫《宣政殿退朝晚出左掖》诗为例。

F

【蕃盛】繁茂；兴旺。例如：周则风雨时，风雨时则草木蕃盛而百谷熟。（汉赵爽注、北周甄鸾述《周髀算经》卷下）《大词典》首引宋代王谠《唐语林·夙慧》为例。

【放肆】言行轻率任意，毫无顾忌。例如：律，累也，累人心使不得放肆也。（《释名》卷七《释典艺》）《大词典》首引《关尹子》为例。《关尹子》，旧本题周尹喜撰，《四库总目提要》说该书"或唐、五代间方士解文章者所为也"。

【妃子】皇帝的妾，位次于皇后。例如：臣松之案，《二主妃子传》曰："后主生于荆州"，《后主传》云"初即帝位，年十七"。（《三国志·蜀书·后主传》）《大词典》首引唐王建《宫词》之七一为例。

【分辨】辨别。例如：观此发问，则瞿昙存日，门徒不能分辨真伪，况中华避役奸诈之侣，焉不迷惑者。（《全后魏文》卷五十一荀济《论佛教表》）《大词典》首引宋代曾巩《南轩记》为例。

【奉侍】奉养侍候。例如：我闻太子如此志愿，攀身颤掉，设令有人心如木石，闻此语者，亦当悲感，况我生来奉侍太子，闻此誓言而不感绝，唯愿太子舍于此志。（《释迦谱》卷一）《大词典》首引唐代柳宗元《先侍御史府君神道表》为例。

【父亲】有子女的男性。例如：若彼女人是彼男子父亲、母亲骨肉中表不应行欲者，树不曲荫，各自散去；若非父亲、母亲骨肉中表应行欲者，树则曲躬，回荫其身，随意娱乐。（《长阿含经》卷十八①）《大词典》首引《法苑珠林》卷四为例。

---

① CBETA，T01，no. 1，p. 119，a19–23。本书所引佛典均据《大正新修大藏经》。资料引用出自"中华电子佛典协会"（Chinese Buddhist Electronic Text Association，简称CBETA）的电子佛典系列光盘（2008）。引用《大正新修大藏经》出处是依册数、经号、页数、栏数、行数之顺序记录，例如：T30，no. 1579，p. 517，b6–17表示此段经文出自于大正藏第30册，1579经，第517页第二栏的第六至十七行。

G

【改移】更改；改变。例如：故有遗诏以日易月，此当时之宜。不可贯之万世，古今之制虽有损益，而谅暗之礼未尝改移。以示天下莫遗其亲。(《后汉书·荀淑传附子爽传》)《大词典》首引唐代白居易《埇桥旧业》诗为例。

【盖覆】覆盖，遮盖。例如：上七味，以童子小便，量多少，煎成汤，内酒一大盏，次下大黄，去滓，分温三服，先到败蒲席半领，煎汤浴，衣被盖覆，斯须，通利数行，痛楚立差，利及浴水赤，勿怪，即瘀血也。(《金匮要略·杂疗方第二十三》)《大词典》首引唐代元稹《酬郑从事四年九月宴望海亭》诗为例。

【膏血】脂血。例如：或云龙常斗此处，膏血如水流，膏色黑者着草木及诸物，如淳漆也。(《拾遗记》卷十)《大词典》首引唐代孟郊《蚊》诗为例。

【观看】参观；观察；观赏。例如：安期将少君东至赤城，南至罗浮，北至大垣，西游玉门，周流五岳，观看江山，如此数十年。(《神仙传》卷六)《大词典》首引唐代郑綮《开天传信记》为例。

【管辖】管理统辖。例如：又敦煌郡大众殷，制御西域，管辖万里，为军国之本，辄以次子让为宁朔将军、西夷校尉、敦煌太守，统摄昆裔，辑宁殊方。(《全晋文》卷一百五十五李暠《复奉表》)《大词典》首引唐代《通典·职官四》为例。

【广阔】广大宽阔。例如：崇祖召文武议曰，"贼众我寡，当用奇以制之。当修外城以待敌，城既广阔，非水不固，今欲堰肥水，却淹为三面之险，诸君意如何？"(《南齐书·垣崇祖传》)《大词典》首引《云笈七签》卷五为例。

【归向】归依，趋附。例如：库莫奚去太和二十一年以前，与安营二州边民参居交易往来，并无疑贰，至二十二年叛逆以来，遂尔远窜，今虽款附，犹在塞表，每请入塞与民交易，若抑而不许，乖其归向之心，听而不虞，或有万一之警。(《魏书·豆莫娄传》)《大词典》"归向"条首引唐代司空图《潭州灵泉院记》为例。

H

【河道】黄河水道。后多泛指能通航的河流的水道。例如：京相璠曰，平阴，齐地也，在济北卢县故城西南十里。平阴城南有长城，东至海，西至济，河道所由，名防门，去平阴三里。（《水经注》卷八）《大词典》首引唐代沈佺期《辛丑岁十月上幸长安时扈从出西岳作》诗为例。

【黑暗】没有光。例如：时菩萨次观饿鬼，见其恒居黑暗之中，未曾暂睹日月之光，还是其类，亦不相见。（《释迦谱》卷一）《大词典》首引唐代李商隐《杂纂》为例。

【唤作】叫作，称作。例如：淑女总角时，唤作小姑子。容艳初春花，人见谁不爱。（《先秦汉魏晋南北朝诗·晋诗》卷十九《欢好曲三首》）《大词典》首引唐代寒山《诗》之二二四为例。

【昏愚】糊涂而愚蠢。例如：然小人昏愚，竟共事之，后角被诛，脩亦亡。（《三国志·魏书·张鲁传》裴松之注引《典略》）《大词典》首引《旧五代史·晋书·李从温传》为例。

【昏浊】指空气、水等不洁净。例如：晋安帝元兴元年十月丙申朔，黄雾昏浊，不雨。（《宋书·五行志五》）《大词典》首引唐代谷神子《博异志·阴隐客》为例。

【浑然】完整不可分割貌。例如：或有疑至道者，喻之曰，夫六合遐邈，庶类殷充，千变万化，浑然无端，是以有方之识，各期所见。（《弘明集》卷三）《大词典》首引宋代周密《齐东野语·针砭》为例。

J

【机槛】设机具捕兽的陷阱。例如：若推沟拯溺，每切皇衷，逸翮飘鳞，见优机槛，所以降咫尺之书，驰轺轩之使，心期与国，必遂还途。（《徐孝穆集》卷七）《大词典》首引《书·费誓》"杜乃擭"唐代孔颖达疏为例。

【极至】顶点，多谓达到最佳境界或最高、最深的程度。例如：明德慎罚，汤文所务也。密静天下，容于小大，高宗之极至也。（《东观汉记》卷二《帝纪二》）《大词典》首引唐代李景亮《李章武传》为例。

【家里】家中。例如：今日还家去，念母劳家里。(《玉台新咏》卷一《古诗为焦仲卿妻作》)《大词典》首引宋代黄庭坚《新喻道中寄元明用舽字韵》为例。

【家庙】祖庙；宗祠。古时有官爵者才能建家庙，作为祭祀祖先的场所。例如：庄帝立，尔朱荣遣人征之，绍以为必死，哭辞家庙。(《魏书·穆崇传附亮子绍传》)《大词典》首引宋代赵彦卫《云麓漫钞》卷二为例。

【家庭】以婚姻和血统关系为基础的社会单位，成员包括父母、子女和其他共同生活的亲属。例如：年十余岁，归太祖，严正有礼法，家庭肃然。(《南齐书·皇后传·高昭刘皇后传》)《大词典》首引唐代刘知几《史通·辨职》为例。

【见得】知道；看出。例如：是以观圣人心者，不同人之所见得也。(《肇论》)《大词典》首引元代范康《竹叶舟》楔子为例。

【接续】连续；继承。例如：臣欲制删定者一，所当接续者四，前志所无臣欲著者三，及经典群书所宜捃摭，本奏诏书所当依据，分别首目，并书章左。(《全后汉文》卷七十蔡邕《戍边上章》)《大词典》首引宋代司马光《辞接续支俸札子》为例。

【近处】附近的地方。例如：此辰年当自蛰出，还人食诡，亦欲蛰还乡里山之近处，令其家兄弟见之者也。(《真诰》卷四)《大词典》首引《太平广记》卷二三九引唐代胡璩《谭宾录·裴延龄》为例。

【净尽】一点不剩。例如：春采者，必须长梯高机，数人一树，还条复枝，务令净尽，要欲旦暮，而避热时。(《齐民要术》卷五)《大词典》首引唐代刘禹锡《再游玄都观》诗为例。[1]

【静深】沉静深邃。例如：净智师以太和六年戒念奉佛，超神尘壤。藐衣冠之藻绘，契禅院之通灵。是以河雒沙门，识解无此敏慧；邺都缁侣，讲贯逊其静深。(《大魏比丘净智师圆寂塔铭》[2])《大词典》首引唐代权德舆《武公

---

[1] 汪维辉：《〈齐民要术〉词汇语法研究》，上海教育出版社，2007，第23页。

[2] 赵超：《汉魏南北朝墓志汇编》，天津古籍出版社，1992，第33页。

神道碑铭》为例。

K

【看见】看到。例如：于时辅相见儿欢喜，即召相师，令占相之。相师看见，怀喜而言："是儿福相，人中挺特，聪明智辩，有踰人之德。"父闻遂喜。（《贤愚经》卷十一）《大词典》首引《朱子语类》卷七二为例。

【宽恤】【宽卹】宽大体恤。例如：朕矜此庶氓，无忘待旦，亟弘生聚之略，每布宽恤之恩，而编户未滋，迁徙尚有，轻去故乡，岂其本志？（《全梁文》卷三梁武帝《听流民还本诏》）《大词典》首引宋代丁谓《丁晋公谈录》为例。

【愧怍】惭愧。例如：自荷阃外，思阐皇猷，每申敕守宰，务敦义让。往诚未布，能不愧怍，当重约示，以副至怀。（《宋书·索虏传附竺夔、毛德祖、阳瓒、严冲、陈宪传》）《大词典》首引宋代曾巩《又祭亡妻晁氏文》为例。

L

【乐于】对于做某种事情感到快乐。此词早见于中古，例如：若柏成欣于野耕，子仲乐于灌园；蓬户茅牖，原宪之宅也；陋巷箪瓢，颜子之居也。（《三国志·魏书·陈思王植传》裴松之注引《魏略》）《大词典》首引毛泽东《陕甘宁边区政府、第八路军后方留守处报告》中的用例，过晚，当提前。

【礼数】犹礼节。例如：臣父康，昔杀权使，结为仇隙。今乃谲欺，遣使诱致，令权倾心，虚国竭禄，远命上卿，宠授极位，震动南土，备尽礼数。（《三国志·魏书·公孙度传附公孙渊传》裴松之注引《魏略》）《大词典》首引唐代杜甫《哭韦大夫之晋》诗为例。

【礼体】礼节；规矩。例如：（沛国刘瓛）六义四始，尤解礼体。登高必赋，莫非警策，弱冠升朝，令闻籍甚。（《金楼子》卷一）《大词典》首引唐代常衮《授李涵尚书右丞制》为例。

【立心】立意；立论。例如：为车乘者苟贵轻细，又数变易其形，皆以白篾为纯，古丧车之遗象。乘者，君子之器，盖君子立心无恒，事不崇实也。（《宋书·五行志一》）《大词典》首引明代杨慎《欧阳公非非堂记》为例。

M

【冒滥】不合格而滥予任用。例如：后有出贷，先尽贫穷，征债之科，一准旧格。富有之家，不听辄贷。脱仍冒滥，依法治罪。(《魏书·释老志》)《大词典》首引《新唐书·鄂王瑶传》为例。

【泯然】消失净尽貌。例如：汝疏云，"泯然无际"，如此甚佳，彼多猜，不可令万一觉也。(《宋书·刘湛传》)《大词典》首举《太平广记》卷二八七引唐代皇甫枚《三水小牍·侯元》为例。

【末梢】末尾；最后。例如：肝脉来濡弱，招招如揭竿末梢，曰平。(《脉经》卷三)《大词典》首引《朱子语类》卷十一为例。

【母亲】有子女的女子。例如：若男子无父亲，亦无母亲，又无知识。彼女亦尔。(《摩诃僧祇律》卷六)《大词典》首引《太平广记》卷一六二引唐代王毂《报应录·刘行者》为例。

P

【偏向】侧重，偏重某一方。例如：宋明帝泰始中，幸臣阮佃夫势倾朝廷，室宇豪丽，车服鲜明。乘车常偏向一边，违正立执绥之体，时人多慕效此，亦貌不恭之失也。(《宋书·五行志一》)《大词典》首引《朱子语类》卷三六为例。

【偏倚】有所偏重或偏向。例如：欲令子贤良盛德，则端心正坐，清虚和一，坐无邪席，立无偏倚，行无邪径，目无邪视，耳无邪听，口无邪言，心无邪念。(《诸病源候总论》卷四十一)《大词典》首引《礼记·中庸》："喜怒哀乐之未发谓之中。"宋朱熹集注为例。

【平稳】平安稳当；平和稳重。例如：治四肢疼闷及不随，腹内积气，床席必须平稳，正身仰卧，缓解衣带，枕高三寸。(《诸病源候总论》卷一)《大词典》首引五代齐己《送周秀游峡》诗为例。

Q

【栖止】寄居；停留。例如：瑾性不蓄金，皆充福业，起灵根、灵基二寺，以为禅慧栖止。(《高僧传》卷七)《大词典》首引唐代李频《辞夏口崔尚书》

诗为例。

【气象】指事物的情状和态势。例如：日形员，故其气象亦然也。（《山海经》第二《西山经》晋郭璞注）《大词典》首引唐鲍溶《古鉴》诗为例。

【气质】指人的生理、心理等素质，是相当稳定的个性特点。例如：不问贤愚皆受气质之禀性阴阳，但智有精粗，形有浅深耳。（《人物志》卷上十六国刘昞注）《大词典》首引宋代张载《语录钞》为例。

【切要】确切扼要。例如：康既无才敏，因在冗官，博读书传，后遂有所弹驳，其文义雅而切要，众人乃更加意。（《三国志·魏书·杜畿传附子恕传》裴松之注引《魏略》）《大词典》首引《晋书·刘颂传论》为例。

【情分】犹情谊。亲友间的情感。例如：融文辞辩捷，尤善仓卒属缀，有所造作，援笔可待。子良特相友好，情分殊常。（《南齐书·王融传》）《大词典》首引宋代孙光宪《浣溪沙》词为例。

【驱逐】驱使，驱遣。例如：恒以驴数头运粮上山，无人驱逐，自然往还，寅发午至。（《洛阳伽蓝记》卷五"凝玄寺"）《大词典》首引宋代苏舜钦《送韩三子华还家》诗为例。

【劝谏】规劝谏诤。例如：王心惑着，单将数人，欲往彼国，诸臣劝谏，不肯受用。（《释迦谱》卷二）《大词典》首引唐代元稹《连昌宫词》为例。

R

【人家】住户。例如：东曹毛掾数白此家，欲令我重治，我非不知此人不清，良有以也。我之有斐，譬如人家有盗狗而善捕鼠，盗虽有小损，而完我囊贮。（《三国志·魏书·曹真传附子爽传》裴松之注引《魏略》）《大词典》首引唐代杜牧《山行》诗为例。

S

【生成】长成。例如：所以然者，王相之气乃为皇天主生，主成善事，乃而助天生成也。恶音凶事，不而助天生成凡物。（《太平经》卷一百一十六）《大词典》首引唐代杜甫《屏迹》诗之二为例。

【生意】生机，生命力。例如：母亡后，以生阙供养，遇鲑不忍食，食菜不食心，以其有生意也。（《南齐书·孝义传·江泌传》）《大词典》首引元代宫天挺《范张鸡黍》第一折为例。

【声气】声音气息。例如：彪乃诈厌，良久不悟，声气转急，女乃呼婢云，唤江郎觉。（《世说新语·假谲》）《大词典》首引《易·乾》："同声相应，同气相求。"孔颖达疏为例。

【师父】古时老师的通称。例如：东方、南方位尊上属天，主治，为君长师父。西方、北方位卑，属地，为臣、为后宫、为民。（《太平经》卷六十九）《大词典》首引宋代王巩《清虚杂著·补阙》为例。

【实理】真实的道理。例如：去爱憎之情则实理得矣。（《人物志》卷下十六国刘昞注）《大词典》首引《朱子语类》卷七四为例。

【蓍草】即蓍。古代用以占卜的草。例如：若蓍、龟之知吉凶，蓍草称神，龟称灵矣。（《论衡·实知》）《大词典》首引唐代刘长卿《岁日见新历因寄都官裴郎中》诗为例。

【侍奉】伺候奉养。例如：昭业父长懋自患及死，昭业侍奉忧哀，号毁过礼。（《魏书·岛夷萧道成传附赜孙昭业传》）《大词典》首引唐代李白《赠历阳褚司马》诗为例。

【受用】享受，享用。例如：雪水流注，百川洋溢，八味清净，周匝屈曲，顺趣大海，一切众生，咸得受用。于诸国土，殊胜第一，是名震旦。（《宋书·夷蛮传·呵罗单国传》）《大词典》首引《法苑珠林》卷十二为例。

【水涯】水边。例如：永昌郡中亦有金焉，纤靡大如黍粟，在水涯沙中。民采得，日重五铢之金。（《论衡·验符》）《大词典》首引《易·渐》唐孔颖达疏为例。

【思量】考虑；忖度。例如：何况神通感应，不可思量，千里宝幢，百由旬座，化成净土，踊出妙塔乎？（《颜氏家训·归心》）《大词典》首引《晋书·王豹传》为例。

【似乎】副词。好像；仿佛。例如：又诬云，周仲智奉佛亦精进，而竟复不蒙其福云云。正曰：寻斯言，似乎幸人之灾，非通言也。(《弘明集》卷二)《大词典》首引宋代杨万里《后蟹赋》为例。

【随顺】依顺；依从。例如：我已随顺中道之行，得成阿耨多罗三藐三菩提。(《释迦谱》卷一)《大词典》首引唐代韩愈《答陈生书》为例。

T

【探求】探索寻求。例如：若夫环缨敛笏，俯仰晨昏，瞻幄座而竦躬，陪兰槛而高昕，探求恩色，习睹威颜，迁兰变鲍，久而弥信。(《南齐书·幸臣传·吕文度传》)《大词典》首引宋代陆游《抄书》诗为例。

【同道】志同道合。亦指志同道合的人。例如：同道谓之天亲，同心谓之地爱。(《汉武帝内传》)《大词典》首引唐代张谓《夜同宴用人字》诗为例。

【投奔】前往依靠别人。例如：卢循稔恶一纪，据有全域，若令根本未拔，投奔有所，招合余烬，犹能为虞。(《宋书·孙处传》)《大词典》首引宋代张齐贤《洛阳搢绅旧闻记·陶副车求荐见忌》为例。

【退藏】退归躲藏；隐匿。例如：是以远见之士退藏于密，不使名浮于德，不以华伤其实。(《三国志·吴书·张温传》裴松之注)《大词典》首引唐代杜甫《七月三日亭午已后校热退晚加小凉稳睡有诗戏呈元二十一曹长》为例。

W

【外面】外边。例如：卓部兵烧洛阳城外面百里。(《三国志·魏书·董卓传》裴松之注引司马彪《续汉书》)《大词典》首引《朱子语类》卷六九为例。

【玩味】研习体味。例如：后见旧维摩经，欢喜顶受，披寻玩味，乃言："始知所归矣。"因此出家。(《高僧传》卷六)《大词典》首引《法苑珠林》卷三三为例。

【违悖】违背。例如：叡、丕识乖犬马，心同枭獍，潜引童稚，构兹妖逆，违悖天常，罪踰万殒。(《魏书·陆俟传附丽子叡传》)《大词典》首引宋代王栐《燕翼诒谋录》卷二为例。

X

【西番】我国古代对西域一带及西部边境地区的泛称。例如：王尅茝西番，民钦教遵风，昔文王流化，未之殊也。（《魏故持节督幽豫二州诸军事冠军将军豫州刺史乐陵王元君墓志铭》[1]）《大词典》首引《晋书·桓伊传》为例。

【息灭】熄灭；绝灭。例如：门下掾王望言曰，"齐郡败乱，遭离盗贼，人民饥饿，不闻鸡鸣犬吠之音。明府视事五年，土地开辟，盗贼息灭，五谷丰登，家给人足，今日岁首，请上雅寿"。（《东观汉记》卷十七《列传十二》）《大词典》首引唐代薛用弱《集异记·平等阁》为例。

【系属】归附；隶属。例如：恫，痛也，哀痛乎中国之人皆见系属于兵役，家家空虚。（《毛诗》卷十八"哀恫中国，具赘卒荒，靡有旅力，以念穹苍"东汉郑玄笺）《大词典》"系属"条首引《新唐书·冯盎传》为例。

【心定】心安。此词早见于东汉，例如：知圣人不以独见立法，则更请命，秘藏不见，天意难知，故卜而合兆，兆决心定，乃以从事。（《论衡·知实》）《大词典》首引茅盾《子夜》中的用例，过晚，当提前。

【行孝】遵行孝道。例如：诗云，"王事靡盬，不遑将父"。言在古闲暇而得行孝，今迫促不得养也。（《潜夫论》卷四）《大词典》首引宋代吴自牧《梦粱录·行孝》为例。

【修为】修行。此词早见于晋代，例如：有入俗之高真，乃为道者之重累也。得合一大药，知一养神之要，则长生久视，岂若圣人所修为者，云云之无限乎？（《抱朴子内篇》卷十二）此处的"修为"与《大词典》"修为"词条的义项②完全吻合，只是《大词典》所举的最早用例为明代单本《蕉帕记·提因》的用例，过晚，当提前。

【玄远】玄妙幽远。例如：道思玄远，然后乃周。（《人物志》卷下）《大词典》首引《晋书·张华传》为例。

【寻常】经常；平时。例如：得犬啮者难疗，凡犬食马肉生狂，及寻常忽

---

① 赵超：《汉魏南北朝墓志汇编》，天津古籍出版社，1992，第89页。

鼻头燥，眼赤，不食，避人藏身，皆欲发狂。(《肘后备急方》卷七)《大词典》首引唐代杜甫《江南逢李龟年》诗为例。

　　Y

　　【严谨】严肃谨慎。此词早见于中古，例如：恪虽总大任，而朝廷之礼兢兢严谨，每事必与评议之，未尝专决。(《十六国春秋》卷三十《前燕录八》)《大词典》首引宋代欧阳修《尚书工部郎中欧阳公墓志铭》为例。

　　【厌恶】讨厌，憎恶。例如：又饥飡者于将获所欲则悦情注心，饱满之后释然疏之，或有厌恶，然则荣华酒色有可疏之时。(《嵇中散集》卷四)《大词典》首引宋代梅尧臣《和王仲仪咏癭》诗为例。

　　【仰戴】敬仰感戴。例如：蒙荷英恩，保其身命，余年仰戴，何力能胜。(《徐孝穆集》卷七《与章司空昭达书》)《大词典》首引宋代叶适《湖南运判到任谢表》为例。

　　【一向】犹一味，一意。例如：既吞噬众生，理乖慈育之气，涉乎仁心者，必宜断之以成性，是以仙圣为体，一向绝之。(《周氏冥通记》卷二)《大词典》首引唐代白居易《昭君怨》诗为例。

　　【引道】引路，带路。"道"后作"导"。例如：论罪则有幽冥之伺，语福则有神明之祐，敦励引导劝行人所不能行，强逼切勒勉为人所不能为。(《弘明集》卷六)《大词典》首引《敦煌变文集·维摩诘经讲经文》为例。

　　【缘故】原因，原故。例如：时波塞奇，我今身是，以此缘故，常得三十二相殊特之身，般涅槃后，得此八万四千诸塔。(《释迦谱》卷五)《大词典》首引宋代苏轼《论安焘辞免迁官恩命事札子》为例。

　　【远处】距离很远的地方。例如：其北方近郡诸国差晓礼俗，其远处直如囚徒奴婢相聚。(《三国志·魏书·东夷传附韩传》)《大词典》首引唐代张籍《赠僧道》诗为例。

　　Z

　　【灾难】灾祸造成的苦难；灾祸。例如：客气邪风，中人多死，千般灾难，不越三条。(《金匮要略方论》卷上)《大词典》首引《晋书·刘乔传》为例。

【栽植】种植。例如：时王闻此，益怀欢喜，即敕于外，令净扫洒蓝毗尼园，更使栽植诸妙华果，流泉浴池悉令清洁，栏楯阶陛皆以七宝而为庄严。（《释迦谱》卷一）《大词典》首引唐代白居易《栽松》诗之一为例。

【在生】犹在世。例如：臣闻在生所以重生，实有生理可保。（《宋书·毛修之传》）《大词典》首引唐代王建《水运行》为例。

【赞叹】赞美感叹。也作"讚叹"。例如：敕答：省疏，并见周氏遗迹，真言显然，符验前诰，二三明白，益为奇特。四卷今留之。见渊文，并具一一，唯增讚叹。十二月二十日。（《周氏冥通记》卷一）《大词典》首引宋代苏轼《上梅直讲书》为例。

【憎嫌】厌恶；埋怨。例如：或见卑下而谓谄曲，或见端直而谓慢高，或见亲附而谓贪求，或见疏远而谓憎嫌。（《大乘义章》卷十四）《大词典》首引唐代韩愈《县斋有怀》诗为例。

【占卜】古代用龟甲、蓍草等，后世用铜钱、牙牌等推断吉凶祸福。例如：朔盛称其年长，人见其面状少，性又恬淡不好仕宦，善达占卜射覆，为怪奇之戏，世人则谓之得道之人矣。（《论衡·道虚》）《大词典》首引《晋书·张昌传》为例。

【整理】整顿，使有条理。例如：上使光禄大夫范泰与灵运书，敦奖之。乃出就职，使整理祕阁书，补足遗阙。（《宋书·谢灵运传》）《大词典》首引《敦煌变文集·张义潮变文》为例。

【整治】治理；整理。例如：自顷国家整治器械，修造舟楫，简习水战。（《全晋文》卷六十孙楚《为石仲容与孙皓书》）《大词典》首引《元朝秘史》卷十五为例。

【知得】晓得。例如：二弟白言：若如兄语，决定是成一切种智，我所知得，皆是兄力，兄今既已从佛出家，我等亦愿随顺兄学。（《释迦谱》卷一）《大词典》首引宋代张元幹《柳梢青》词为例。

【只是】仅仅是；不过是。例如：如有患者，可服半钱重者三字匕，温水调灌下，不大呕吐，只是微微涎稀令出，或一升二升，当时惺惺，次缓而调治，不可便大段治，恐过伤人命。(《肘后备急方》卷三)《大词典》首引唐代韩愈《镜潭》诗为例。

【只有】唯有，仅有。例如：崔转为诸儒道之，始将发口，悬见排蹙，云，"文集只有诗赋铭诔，岂当论经书事乎？且先儒之中，未闻有王粲也"。(《颜氏家训·勉学》)《大词典》首引宋代苏轼《和陈述古拒霜花》为例。

【志量】志向和抱负。例如：是以伯夷采薇而不恨，巢父木栖而自愿。由斯观诸士之志量，固难测度。(《潜夫论》卷八)《大词典》首引元代白朴《墙头马上》第一折为例。

【诸般】各种；各方面。例如：多食肥羊脂、诸般肥肉等，自裹之，必得出。(《肘后备急方》卷六)《大词典》首引宋代苏轼《论桩管坊场役钱札子》为例。

【准则】所遵循的标准或原则。例如：俭曰："晋氏衰政，不可以为准则。"上乃止。(《南齐书·张绪传》)《大词典》首引唐代梁宝《与赵神德互嘲》为例。

【滋养】犹养育，培养。例如：又田非疁水，皆播麦菽；地堪滋养，悉蓺苎麻；荫巷缘藩，必树桑柘；列庭接宇，唯植竹栗。(《宋书·周朗传附兄峤传》)《大词典》首引宋代秦观《财用下》为例。

【祖宗】泛指祖先。例如：人纲始于夫妇，判合拟乎二仪，是故大婚之礼，古人所重，将合二姓之好，以承祖宗之基。(《抱朴子外篇》卷二十三)《大词典》首引元代关汉卿《窦娥冤》第四折为例。

【尊信】尊重信奉；尊重相信。例如：禹以帝师见尊信，荐宣经明有威重，可任政事，繇是入为右扶风。(《汉书·彭宣传》)《大词典》首引唐代元结《左黄州表》为例。

【遵守】依照规定行动；不违背。例如：执事苦违，好为穿凿，律令之外，更立余条。通相纠之路，班捕获之赏，斯乃刑书徒设，狱讼更烦，法令滋彰，盗贼多有，非所谓不严而治，遵守典故者矣。(《魏书·刑罚志》)《大词典》首引宋代张齐贤《铭坐右》为例。

【坐次】座位的次序、位置。例如：却行至昭穆之坐次，上酒。子为昭，孙为穆，各父子相对也。(《后汉书》卷九十九《祭祀志》注引《汉旧仪》)《大词典》首引宋代沈括《梦溪笔谈·故事二》为例。

我们认为以上这些词语的书证时代都应当提前。正如王锳先生所说，"汉语有不少新词新义诞生在中古阶段，这大致有两种情况：一是中古业已产生，但用例不多，尚属偶见，近代才大量使用；二是中古已有较多用例，近代沿用不衰。这前一种情况尤其值得注意，因为很容易将它们误认为纯属近代语词"。[①]《大词典》在这方面还有相当多的欠缺。

第三节　元代直解文献承古词语的发展

元代直解文献中的承古词语除一部分已经消失之外，大多都沿用到了现代汉语中。这部分词语虽然表面上没有什么变化，但实际上它们的理性意义和附加意义已经改变了。

有的沿用下来的词语的理性意义发生了或多或少的变化。例如：

【刑法】法律。

与父老约法三章：杀人者死，伤人及盗者随他所犯轻重要罪过者，其余秦家的刑法都除了者。(《经筵讲议·通鉴》)

此词先秦已见，如《墨子·尚贤中》："故国家治则刑法正，官府实则万民富。"《礼记·明堂位》："君臣未尝相弑也，礼乐刑法政俗，未尝相变也。"古代的"刑法"是统治者为了进行统治而制定的法律、法则。在现代法律体系中，"刑法"的概念是"统治阶级为了维护统治阶级利益和统治秩序，以国家的名义制定的有关什么行为是犯罪和对犯罪者适用何种刑罚的法律规范的总称"，其完整性和法制性都和古代"刑法"概念有本质的区别。

【保安】保护、庇佑。

曾子又引孔子之言说，唯仁人放流这媚疾之人，以保安善人，使不受其

---

① 王锳：《近代汉语词汇研究与中古汉语》，《贵州大学学报》2003年第4期，第100-103页。

害，是能尽爱人之道。(《大学直解》第十章)

此词见于《汉书·王莽传》："保安孝平皇帝之幼嗣。"其中的"保安"是保护、庇佑的意思。《三国志》里也出现了三个"保安"连用的例子，作动词，如《三国志·吴书·董袭传》："权年少，初统事，太妃忧之，引见张昭及袭等，问江东可保安否。"而作为名词的"保安"则是一个现代新词。

【经常】平常。

孔子说：大凡人君治天下国家有九件经常的道理。(《中庸直解》第二十章)

古义为"平常；日常"，《后汉书·党锢传序》："而今党人锢及五族，既乖典训之文，有谬经常之法。""经"和"常"有常规的意思，先秦已见，《左传·庄公八年》："妖不自作，人弃常，则妖兴。"《左传·襄公二十六年》："与其杀不辜，宁失不经。"先秦时就有"经常"连用，作名词，是"常规，常法"的意思，例如《管子·问》："令守法之官曰：行度必明，无失经常。"我们今天一般把"经常"当作表示动作频率高的副词使用。

类似的古今异义词还有"物理""机关"等。

有些词语发展到现代汉语里改变了感情色彩。例如：

【自尊】妄自尊大。

曾子承上文说，有位的君子修己治人有个大道理，必要发于己心而自尽，循于物理而无违，方才得了这大道理。若是矜高自尊，侈肆自纵，必然失了这大道理。(《大学直解》第十章)

"自尊"今天一般用为褒义词，义为"尊重自己，不向别人卑躬屈节，也不容许别人歧视、侮辱"，在直解中却用为贬义词，义为"妄自尊大"。

【勾当】事情。

有一等人常常的做歹勾当，却来人面前说道："俺做的勾当好。"便如掩着那耳朵了去偷那铃的也似。(《直说大学要略》)

圣人的勾当反道不是，便似没圣人的一般。(《孝经直解》第十一)

"勾当"今天一般用为贬义词，多指坏事情，在直解中却是个中性词[①]，义为"事情"[②]。

[①] 汪维辉：《论词的时代性和地域性》《语言研究》2006年第2期，第6页。

[②] 此词义早见于宋代，例如：谓天地别无勾当，只是以生物为心。(《朱子语类》卷一《理气上》)《大词典》首引元代《前汉书平话》卷下的例子，稍晚。

第三章

元代直解文献中的新词新义

第一节　新词新义的判定

我们认为，判定新词新义的重点在于判定双音新词及新义，所以我们应该首先明确划分双音词的标准，也即区分词和短语的界限。本书在划分双音词时，着重考虑以下四个方面：

（1）从语法结构上区别：两个音节结合得紧，不能随便拆开或任意扩展的是词。

（2）从词汇意义上区别：双音组合在一定语境中表示新概念或增强了交际功能的是词。

（3）从修辞特点上区别：在同一语言环境中，相同句式的相同位置上出现的不同双音组合，其中一个（或几个）已确定为词，则其他双音组合可首先考虑是词。

（4）从出现频率的高低上区别：将出现频率高的确定为词。

在判定一个意义的外在表现形式是词而不是短语之后，还必须注意区分它是新词还是新义。"词汇学上所说的'新词'（neologism）指的是为了适应文化发展和社会生活变化的需要而新造的那些词……有一些词就它们的外部形式来看可以说是语言里固有的，但是它们已经获得了新的意义内容，而新义和旧义之间又没有明显的联系，这样的词也应当算是新词。"①将元代直解文献中的词对照《大词典》《辞源》等工具书，找出始见例出自近代前期文献、同时代的其他文献或晚于本类文献的词或词义，再对照《四库全书》、"汉籍

---

① 张永言：《词汇学简论》，华中工学院出版社，1982，第87页。

全文检索系统"等语料库,看这些词或词义是否有比近代更早的用例。如果没有,则认定是新词或出现了新义。

一、新词的产生

元明清时期是我国社会发生急剧变化的时期,反映社会现实最直接、最迅速的汉语词汇也随之发生较大变化。社会生活的丰富带来了反映这一内容的汉语词汇的繁荣。因此,这一时期涌现出了一大批新词。为了便于了解,下面主要依据元代直解文献,同时也参考其他同期语料对元代所出现的新词进行介绍。

(一)具有元代特色的新词

(1)借自蒙古语的外来词,如:"歹""麼道""阿的"。

(2)受阿尔泰语系影响的所谓汉儿言语,如:"生受""根底""有(句尾语助词)""行(后置词)""为那上""哏"等。

(二)一般新词

(1)称谓词语,如"哥哥"称呼同父母或只同父、只同母的兄长。

敬重他哥哥呵,兄弟欢喜。(《孝经直解》第十二)

此义唐代已见,例如:女急掩其口,曰:"哥哥深诚托人,不宜如此。"(《续玄怪录·苏州客》)《大词典》此词的义项①首引《清平山堂话本·快嘴李翠莲记》为例,过晚。

又如"俺、咱、兄弟、伴当"等。

(2)时间词语,如"几时早起""多咱"等。

(3)动物词语,如"大虫"等。

(4)表器物的词语,如"东西""盔甲"等。

5. 其他词语,如"落后""田地""地面""别处"等。

二、新义的产生

词义的发展是词汇发展中的一个重要方面。词义的发展可以多方面促成词汇系统的变化和发展，汉语词汇中词义发展的情况是相当复杂的。我们打算以词的义位为基点来谈谈近代汉语词义的变化。这里所说的义位的变化一般是限制在一个词位之内的义位变化。关于义位的定义语言学界有多种不同说法。蒋绍愚先生（1989）说，"一个词可以只有一个意义，但多数情况下有多种意义。每一个意义称为一个义位""粗略地说，'义位'就是词典上所列的义项"。这是目前大家普遍接受的说法，我们也采用此说。

（一）义位数量的增多

词的义位数量的增加和减少是词义变化的主要特征。这种情况从古至今没有停止过，而近代汉语里这种情况尤其突出。有些词的义位数量有所减少，但大多数词的义位数量日益增多。表现在两个方面，一是旧词义位增多，二是新词义位增多。

旧词义位增多，就是通常所说的词语产生新义。近代汉语里这种情况非常多，如"伴当"等。

新词义位数的增多。例如：

【落后】近代出现的新词。（1）本义指在行进中落在同行者后面。如元代王实甫《西厢记》第四本第二折："红娘，你且先行，教小姐权时落后。"由此又引申出几个引申义：（2）不如人。《孝经直解》第三："这般呵，自家的大名分也不落后了有。"明末凌蒙初编《二刻拍案惊奇》卷十一："原来焦大郎固然本性好客，却又看得满生仪容俊雅……料不是落后的，所以一意周全他。"（3）迟慢；拖延。《孝经直解》第六："天的四时种养的道理不落后了，分拣得田地上种养得五谷。"元代宫天挺《死生交范张鸡黍》第三折："你为甚不肯上坟丘，枉教那一二千人都落后。"（4）怠慢。《孝经直解》第九："这般呵，把自家父母落后了，敬重别人呵，阿的不是别了孝道的勾当那甚？"

（二）义位主次关系的变化

一个词的多个义位，有的是核心义，有的是非核心义；有的是常用义，有的是罕用义。在词义演变过程中，这些义位会发生核心与非核心、常用和罕用的位置变化。例如：

【快】本义为"高兴、愉快"，《说文·心部》："快，喜也。"《易·旅》："得其资斧，心未快也。"后引申出了"畅快、舒畅""称心、遂意""直爽、爽快""放纵""锋利""好""迅速""赶快、从速""善于、能"等十几个义位。上古时多用其本义"高兴"或与心情有关的引申义"畅快"。如《孟子·梁惠王上》："抑王兴甲兵，危士臣，构怨于诸侯，然后快于心与？"此表高兴之义。宋玉《风赋》，"有风飒然而至，王乃披襟而当之，曰：'快哉此风！'"此表畅快之义。而近代则多用引申义"锋利""迅速"或"赶快"义。如《原本老乞大》："这镘刀钝，不快，若干草几时切得了？主人家，别处快镘刀借一个去。"此表锋利之义。宋代苏轼《凤翔八观》诗之三《王维吴道子画》："当其下手风雨快，笔所未到气已吞。"此表迅速之义。明代冯梦龙编《警世通言》卷二十八，"白娘子来到岸边，叫道：'你如何不归？快来上船！'"此表赶快之义。而表示和心情有关的则不单用"快"，而是用双音词"快活""快乐"等。①

第二节　新生单音节词及词义

一个词如果它代表的概念是新的，同时它的形式也是新的，那么这个词一定是新词，如果一个词代表的概念是新的，而它的形式跟语言中曾经有过的一个词的形式相同，这就要看这个形式所代表的两个概念是否有联系，如果意义上毫无联系，那么这个词一定是新词。②

如果一个词以新的形式表达一个已经有其他形式表达的旧概念，它也是

---

① 参看梅祖麟先生《从语言史看几本元杂剧宾白的写作时期》，载《语言学论丛》第13辑，商务印书馆1984年；曹广顺先生《试说"就"和"快"在宋代的使用及有关的断代问题》，载《中国语文》1987年第4期，第288页。

② 参看周祖谟《汉语词汇讲话》，外语教学与研究出版社2006年版，第70页。

一个新词。新词中的大部分都属于这种类型，即概念改变了名称。如"跑"表示古汉语里"走"一词表达的意义。以旧形式表达这个旧形式不曾表达过的概念，这个概念此前是以其他形式来表达的旧概念，这二者之间的关系可以看成是同形词的关系。如表示"何，什么"意义的"甚"和它的本义"厉害；严重"没有任何联系，所以它也是一个新词。元代直解文献中新生单音词或词义共21个，如"俺、歹、待、该、赶、和、哄、澶、较、靠、没、每、那、撇、索、赢、咱、怎、这、拽、做"等。我们可以把直解中的新的单音词分为以下四种：

（1）新字形表达新事物新概念。这类单音词在元代直解文献中没有见到。

（2）新字形表达旧事物旧概念。

【咱】咱们。总称说话人（我、我们）和听话人（你、你们）双方，也可借指你或我。

本合孝顺父母，咱自别了呵，百姓着甚么体例行有？（《孝经直解》第九）

早期用例见于宋柳永《玉楼春·苏子瞻》词："你若无意向咱行，为甚梦中频相见。"吕叔湘先生曾考察过"咱"的源流，结论是："宋人……自家合音为咱。宋人用咱之例甚少，……在元人的话中合为咱每，又合为偺。咱与偺之通用亦限于北方。"①

今天"咱"只用于官话方言，银川、乌鲁木齐、北京、济南、忻州、太原、万荣、西安、洛阳、徐州、哈尔滨等方言都说，非官话的14个方言点都不说，可见它是官话的重要方言特征词。另外，"咱"还是"早晚"的合音，构成"多咱"等词语，指时间。这种用法保留在武汉方言，如"几咱、么咱"，相当于"几时"，表示什么时候。

【澶】倾倒（液体）；泼出。

这般呵，便似一碗满的水，手里在意拿着呵，也不澶了。（《孝经直解》第三）

---

① 吕叔湘:《释您、俺、咱、喒，附论们字》，载吕叔湘《汉语语法论文集》，商务印书馆，1984，第1页。

早期用例见于宋代吴自牧《梦粱录·诸色杂买》："杭城户口繁伙，街巷小民之家，多无坑厕，只用马桶，每日自有出粪人瀽去，谓之倾脚头。"元代杨显之《临江驿潇湘秋夜雨》第三折："忽听的摧林怪风鼓，更那堪瓮瀽盆倾骤雨。"元代关汉卿《感天动地窦娥冤》第三折："有瀽不了的浆水饭，瀽半碗儿与我吃。"清代洪升《长生殿·哭像》："乱军中抔土便埋藏，并不曾瀽半碗凉浆。"现在西南官话、徽语中还保留此词。（《汉语方言大词典》第7488页）

【哄】欺骗；用言语或行动使人高兴。

这等心不诚实，又哄人不过，有甚益处！（《大学直解》第六章）

较早用例见于宋代，如：东风着面，却自依然，相认哄痴儿。炊薪弄景，盘蔬杯酒，强教人欢，领也。微酣，带些春兴。（《卖花声·立春酒边》）又如：哄他半晌，犹自疑春梦。（《西厢记诸宫调》卷五）"哄"在官话区分布广泛，除忻州方言外其他官话方言都说。但非官话也有一些方言（温州、长沙、南昌、娄底、萍乡、南宁等）有此说法。交叉较多，所以可作为官话方言的特征词。①

【歹】不好的（地）。借词，蒙古语 tai 的译音。

大概天地的心只要生物，古来圣人为歹人曾用刑罚来，不是心里欢喜做来。（《经筵讲议·通鉴》）

同期用例又如，高文秀《黑旋风双献功》楔子，"搽旦云：'呸，脸脑儿恰似个贼！'孙孔目云：'你好歹口也！他听着哩。'"。这里的"歹口"指说话不中听。纪君祥《赵氏孤儿》第一折："岂可二十载同僚没些儿义分，便兴心使歹心？"这里的"歹心"指坏心。《新编五代史平话·梁史平话》卷上："而今盘缠缺乏，无因得回乡故，撞着朱家三个弟弟，邀小人今夜做些歹生活。"这里的"歹生活"指坏事情。李思纯先生（1957）指出"歹"不见于五代北宋，突兴于南宋末期，而盛行于元明以及今日。② "歹"在官话中分布较广，北部

---

① 李如龙、吴云霞：《官话方言后起的特征词》，《语文研究》2001年第4期，第34-42页。

② 可参看李思纯（1957）《说歹》，徐复（1990）《歹字源出藏文说》，徐时仪（1993）《"歹"字演变探微》，蒋冀骋（2003）《"歹"见于敦煌文献吗》。

官话的银川、乌鲁木齐、哈尔滨、北京、济南、牟平、万荣、西安、徐州等方言都说，西南官话和江淮官话各方言则没有此说。而非官话方言，除南昌方言说"歹人"指坏人、歹徒之外，其他方言点皆无"歹"的说法。因为区内覆盖不周遍，区外有交叉，"歹"可认为是官话方言的特征词。

又如"拽、怎"等。

（3）旧字形表达新事物新概念。如：

【每】复数词尾。

汉高祖初到关中，唤集老的每、诸头目每来。（《经筵讲议·通鉴》）

本义为各，逐个，近代用作表示复数的词尾。①

（4）旧字形 A 表达旧事物旧概念 B 义。如：

【俺】我，我的。

似这般便能齐家，能齐家则俺家大的小的都学俺一般样好。（《直说大学要略》）

《说文》："俺，大也，从人奄声。"于业切。宋代以后用来表示"我"。如南宋的辛弃疾《夜游宫·苦俗客》："且不罪，俺略起，去洗耳。"金元时期出现"我们"义，如金代董解元《西厢记诸宫调》卷二："你把笔尚犹力弱，伊言欲退干戈，有的计对俺先道破。""俺"在官话区分布不太广泛，只见于济南、牟平、西安、洛阳、徐州、忻州、太原等方言。其中，忻州、太原话的"俺"只表示领属关系，用于说话人自己的亲属、住家、居住地前，如"俺妈、俺院里"。只作定语，不作主语或宾语，也可有复数形式"俺们"（太原话只限于女性使用）。② 吕叔湘先生论证"俺"是"我每"的合音，较为可靠。官话的其他方言和非官话的方言点都无此说法。"俺"有一定的特征意义，可以列为官话方言特征词。《正字通·人部》："俺，北方读阿罕切，安上声，凡称'我'通曰'俺'。""俺"多见于官话区的北方方言系作品。现代汉语里，"俺"在官话区的部分北方方言里保存下来，

---

① 参看吕叔湘先生（1985），冯春田先生（2000）。

② 李如龙、吴云霞：《官话方言后起的特征词》，《语文研究》2001年第4期，第34–42页。

南方方言一般不用。《直说大学要略》中"俺"出现4次。

"俺"虽然是"我们"的合音，但似不分别单、复数，"俺"在直解中用法也是表单数义的。这种情况的出现可能是宋以后人们大概忘了"俺"原由"我们"切合而成，逐渐把它当作第一人称单数代词来使用。"俺"在宋元时期常带有复数词尾"每""们"，但这些词尾形式在直解中没有见到。

【和】①连（介词）。

有一等人常常的做歹勾当，却来人面前说道："俺做的勾当好。"便如掩着那耳朵了去偷那铃的也似，他自道别人不见他，不知道别人先自见了他，和他的肺上、肝上的事都见了。（《直说大学要略》）

②与（连词）。

小人于人不见处甚的歹勾当不做出来？及至见人，口里则说道："俺做好公事。"却不知道好人先自知他做得歹了，那肚皮里肝和肺上事都被高人见了。（《直说大学要略》）

"和"最初为动词"唱和"的意思。到了唐五代才逐渐语法化为介词和连词。到了现代汉语中其表示"连"的介词用法又消失了。①

【较】略、稍。

其间行得高了，人及不得的，做得大事，可以做圣人；行得较低处，可以做贤人。（《直说大学要略》）

《说文》未收此字，有"较"，释作"车骑上曲铜也"。《集韵》在觉韵和效韵下把"较""较"看作异体字，效韵下注："较较，直也，一曰不等。或从爻。"《汉语大词典》《汉语大字典》（以下简称"二典"）都认为"较"本义是车厢两旁板上的横木。蒋礼鸿先生（1959）认为较"作比较义的，是'斠'字的假借"。"较"用作程度副词，或作"校""交"，最早见于唐代。② 如唐

① 参看王力先生（1980），第399页；潘允中先生（1982），第140页；刘坚等先生（1992），第203页。

② 郭在贻：《唐诗中的反训词》，《浙江师院金华分校学报》1982年第1期；蒋绍愚：《唐诗语言研究》，中州古籍出版社，1990，第349页；蒋绍愚：《白居易诗词语诠释》，《国学研究》1995年第二卷。

代杜甫《人日》诗之一："冰雪莺难至，春寒花较迟。"宋代王沂孙《扫花游》："杜郎老去。算寻芳较晚，倦怀难赋。""较低"这类"较+形容词"结构，表示比较，为唐宋习语。遍寻唐以前典籍找不到表达此义的此类句式。① 程度副词"较"应来源于其动词义"比较"。由于动词"较"后的比较对象以及引进比较对象的介词"于"经常不出现，"较"直接用在谓词性成分之前，因而演变成了一个副词。

【赶】追赶。

义是决断事物，不教过去，不教赶不上，都是合宜的道理。(《直说大学要略》)

《说文》无赶字，《四声篇海》卷九："赶，趕也。"明代张自烈《正字通》卷十："赶，古览切，音秆。追逐也。今作赶。"《老朴集览·单字解》"赶"字条注云："亦作趕，趕也，及也——赶上；又逐也——赶出去；又驱也——赶牛。"② 唐代可见表追赶义的用例：阿谁乱引闲人到，留住青蚨热赶归。(《和李标》) ③

【靠】依靠。

"倚"是靠着的模样。(《中庸直解》第三十二章)

本义为"相违"，后来借以表"依倚"义。二典"靠"字"倚靠"义项下首引宋代用例，其实唐代已见：攻敌策，谋乃胜之源。勿只迎军交血刃，休凭勇力靠兵官，勇是祸之端。(《兵要望江南·占委任第一》)

【甚】疑问代词，什么。

孔子说："你说甚言语？"(《孝经直解》第十五)

---

① 唐前较多用为"较量"或"明显、显著"义。如晋常璩《华阳国志》卷十上："故《替旧》之篇，较美《史》《汉》。""较美"义为"媲美、比美"。刘琳校注："较，比。"北齐颜之推《颜氏家训·音辞篇》："此盖其较明之初也。"此"较明"为同义连文，"较"与"明"义相同。

② 《单字解》原文中还有一些谚文写的对汉语字词的注音、释义，因为对词义的理解影响不大，本书引用时一概删去。下文同此。

③ 清人钱大昕《十驾斋养新录》卷四《说文本字俗借为它用》，"《说文》本有之字世俗借为它用者，如：……靠，相违也，今借为依倚之义。……赶，举尾走也，今借为追逐义"。

宋代以来常常单用"甚"来表示疑问，例如：算劳心劳力，得甚便宜？（《满庭芳》）作"什么"讲的"甚"应该是"什么"的合音词。此词在现代汉语方言中仍保留着。

【这】这个。

为头儿说做皇帝法度，这是爱惜百姓最紧要勾当。（《经筵讲议·帝范君德》）

本义为"迎接"，后来被借用作近指代词[①]。据研究，指示代词"这"产生在唐代，最早还有"赭""遮""者"几种书写形式。例如：冬夏递互用，长年只这是。（《寒山诗》）不省这个意，修行徒苦辛。（《拾得诗》）唐至北宋一直是连体性成分，不能单独作主语。到南宋才变成具有独立性语法功能的成分。在口语里，"这"单用或后面直接跟名词时，读 zhè；"这"后面跟量词或数量词时常读 zhèi，是"这一"的合音。如"这个，这会儿，这样，这些"等。它在官话方言分布广泛，除西宁方言未收"这"外，其他方言点都有此说法。而非官话方言，只有南昌方言说"这"，于都、梅县方言"这"是训读字（《汉语方言大词典》），其他方言点皆无此说法。可见"这"也是官话的特征词之一。

【赢】胜过。

又如楚平王在临潼斗宝，用那贤人赢了诸国。（《直说大学要略》）

本义是"赢余"。唐代以后产生"胜过"义。

【索】须，要。

这般的但有差错处，孩儿每便索劝谏父母，臣寮每便索劝谏官里。（《孝经直解》第十五）

【撇】丢弃。

天下事不拣甚么公事，都从那正心上做将出来，撇不得那正心两个字。

---

① 关于它的来源，各家说法不一。吕叔湘先生（1955、1985）认为来源于古代汉语的"者"；高名凯先生（1948）、王力先生（1958）等认为来源于古代汉语的"之"；周法高先生（1963）认为来源于"适"；梅祖麟先生（1986）提出一个假设："这"的前身是"只者"。

(《直说大学要略》)

本义当为击打，《说文》："擎，别也。一曰击也。从手敝声。"宋以后产生"丢弃"义。

【那】远指代词。

将那孝顺父的心来孝顺母亲，心里一般爱有。(《孝经直解》第五)

指示代词"那"①出现在唐代，如：必是那狗。(《朝野佥载》)"那"字较早用作疑问代词（字今作"哪"），产生时代大约是在汉魏之际。直解中的用例如：

孩儿每长大呵，那一个无孝顺父母的心？(《孝经直解》第九)

【没】否定词。无。

心若正，便有些行不尽的政事，决没一些个歪斜偏向处。(《直说大学要略》)

蒋冀骋、吴福祥先生（1997）认为否定词"没"是从动词"沉没"的"没"虚化而来。"没"的本义是沉入水中，由此引申到消失，再引申到"无"义。而潘悟云先生（2002）推测是上古的"无"在虚化过程中语音发生促化变成了"没"。②我们倾向于相信潘悟云先生的观点。

【待】打算。

桀王、纣王不行仁德，政事暴虐，待教天下行仁，百姓每怎生行得仁？(《直说大学要略》)

本义是"等候"。大约自宋代始，"待"产生拟欲义。③

【些】一些。

心若有些儿不正，便是昧了心，便是要去谩人。(《直说大学要略》)

---

① 关于它的来源，王力先生（1958）说："如果不是上古的指示代词'若'字，就是'尔'字。我们比较地相信是来自'尔'字。"吕叔湘先生（1985）说，那"跟第二人称代词'尔'和'若'有关。……如果从语音上考察，似乎不如假定那从'若'出较为合适"。

② 潘悟云：《汉语否定词考源——兼论虚词考本字的基本方法》，《中国语文》2002年第4期，第302-309，381页。

③ 参看江蓝生先生《近代汉语探源》，商务印书馆2000年版。

本为语气词，《说文新附·此部》："些，语辞也。见《楚辞》。"近代汉语才用作量词，表不定数。"些儿"较早见于唐吕岩《三字诀》诗："些儿法，合大道。"李文泽先生（2001）说它"应是'些子'类化的结果，其词义与语法功用都与'些子'相似，在宋代文献中的用例远不如'些子'数量多"。而在元代直解文献中只有"些儿"无"些子"，这可能与北方话的用词习惯有关。

第三节　元代直解文献中的新兴双音词及新义

据我们统计，元代直解文献中的新兴双音词约有200个，占双音词总词量的11% 左右。

下面按照元代直解文献中新兴双音词的词性分别描述。

（1）名词（按音序排列，下同）：

B

【表德】表字。

仲尼是孔夫子的表德。（《孝经直解》第一）

北齐颜之推《颜氏家训·风操》："古者，名以正体，字以表德。"后因以"表德"指人之表字或别号。如唐代李商隐《杂纂》："呼儿孙表德。"

C

【差发】指赋税徭役。

如桀王暴虐，纣王宠妲己，只理会快活，多征百姓每差发，钱积在那鹿台库里，粮积在那钜桥仓里，却不思量这般东西都是百姓每身上脂膏，教百姓每怨不好。（《直说大学要略》）

《大词典》"差发"词条的义项①："蒙元时指赋税徭役。"举宋代彭大雅《黑鞑事略》："其赋敛谓之差发。"元代睢景臣《哨遍·高祖还乡》套曲："欠我的钱差发内旋拨还，欠我的粟，税粮中私准除。"《元史·世祖纪一》："诏减免民间差发。"等为例证。我们再补充两条用例：一据自逃死户绝名下所着大小差发并租税，限赦书到，并行除放。（《三朝北盟会编》卷二百三十三

《神麓记》）又河南水灾，逋户太半，田野荒芜，恐赋入少而国用乏，遂命唐、邓、裕、蔡、息、寿、颍、亳及归德府被水田，已燥者布种，未渗者种稻，复业之户免本租及一切差发，能代耕者如之，有司擅科者以违制论，阙牛及食者率富者就贷。（《金史·食货志二·田制》）此词义可能是宋金时期才出现的一个新义，以前"差发"似只作为一个动词使用，义为"征调使服劳役"，例如：又差发徭役，多不存意，致令贫弱者或重徭而远戍，富强者或轻使而近防。守令用怀如此，不存恤人之心，皆王政之罪人也。（《北史·苏绰传》）诏答曰："蛮蜒如尚凭凌，固须倍兵御敌；若已奔退，即要并力追擒。方藉北军，助平南寇，其三处兵士，宜委高骈候到蜀日分布驱使。具务多多之办，宁乱整整之师。其河东一千二百人，令窦浣不要差发。"（《旧唐书·僖宗本纪》）

可见，《大词典》当补充其动词义项，义项①也应改作"金元时向民户征调各种赋役的统称"。

D

【大虫】老虎。

大虫豹子不吃他孩儿，便自省得那父子的道理。（《直说大学要略》）

《大词典》此词条义项②下首引唐代李肇《唐国史补》为例。而向熹先生（1993）认为指老虎的"大虫"产生于六朝，举《搜神记》卷二的例子："扶南王范寻养虎于山，有犯罪者，投与虎，不噬，乃宥之。故山名大虫，亦名大灵。"可疑的是，唐代以前我们没有见到除此以外的其他用例。又据李剑国先生考证，此例中的"'大虫山'亦非《搜神记》原文所有"[①]，所以我们倾向于认为指老虎的"大虫"的产生时间不早于唐代。周作人曾说："（人因为很厌恶蛇，所以忌讳说它，称之曰长虫。）这有如唐宋人说老虎，改称它作大虫，这本来是由于唐朝的避讳，但宋朝以后的小说也都沿用，可见通行得很

---

① 李剑国先生（2007）推测："'故山名大虫，亦名大灵'乃志书（引者按：指《明一统志》）编纂者语，非《搜神记》之文；'大虫山、鳄鱼池'盖据方志滥补。"参见干宝撰、李剑国先生辑校《新辑搜神记》卷二十五"扶南王"条，中华书局2007年，第420–422页。

广远。"① 我们同意这种观点，即称呼老虎叫"大虫"是由于要避唐高祖李渊祖父的名讳"虎"而造成的。至今有些地方还沿用"大虫"一称，如长沙方言等。

【地面】地区；地方。

曾子说，这等媚疾之人妨贤而病国，唯是仁人在上知其为恶十分恶他，或放弃之，或流徙之，务要赶逐出外夷地面去，不容他在中国以为善人之害。（《大学直解》第十章）

此词早见于宋代，例如：焦达卿云：鞑靼地面极寒，并无花木，草长不过尺，至四月方青，至八月为雪虐矣。（《癸辛杂识》续集卷下）《大词典》首引元杨景贤《西游记·女王逼婚》为例。

【东西】物品。

纣王宠妲己，只理会快活。多征百姓每差发，钱积在那鹿台库里，粮积在那钜桥仓里。却不思量这般东西都是百姓每身上脂膏，教百姓每怨不好。（《直说大学要略》）

《大词典》"东西"条义项⑥说："古代亦以指产业。"宋代王溥《唐会要·逃户》中载，"大中二年制：'所在逃户，见在桑田屋宇等，多是暂时东西'"。《大词典》是据《辞源》"东西"条义项③来的，《辞源》引的是《文献通考》十《户口》一所载大中二年制文。两本权威性的辞书都说"东西"指产业，后泛指万物。但详"制"文文意，明说"所在逃户见在桑田屋宇等，多是暂时东西，便被邻人与所由等计会，推云代纳税田，悉将斫伐毁折"，指的是逃户暂时逃亡，产业即被人借词侵占。"东西"应指"逃离故土，去无定处"，跟"产业"义并无关联。

关于"东西"指"事物"义的产生时代，尚芳先生（1999）指出"元代已通行泛指事物的'东西'是能肯定的"，高丽朝的汉语会话教本《原本老乞大》中就使用"东西"一词，如：别人东西休爱者，别人折针也休拿者。我们注意到金代董解元《西厢记诸宫调》中已见指"事物"的"东西"，如：夫

---

① 止庵:《周作人晚期散文选》，湖北人民出版社，1994，第77页。

人去后门儿闭，又没甚东西。蓦一人走至猛推开，不觉胜来根底。舒开刺绣弹筝手，扯住张君瑞。（《西厢记清宫调》卷五）何以用"东西"指"事物"，原因未详。

E

【耳朵】听觉和平衡器官。人和哺乳动物的耳朵分为外耳、中耳、内耳三部分。

有一等人常常的做歹勾当，却来人面前说道："俺做的勾当好。"便如掩着那耳朵了去偷那铃的也似。（《直说大学要略》）

《大词典》以五代徐仲雅《闲居》残句"屋面尽生人耳朵，篱头多是老翁须"为首见书证，我们认为此例不典型，从对仗的角度似应该切分作"人耳／朵""老翁／须"，耳、朵属于跨层结构成分。我们找到的"耳朵"一词较早的例子是：一日有客诣瑰，候于厅所。颈拥彗趋庭，遗坠文书。客取视之，乃《咏昆仑奴》诗也。其词曰："指头十挺墨，耳朵两张匙。"客心异之。（《开天传信记》）

K

【肯心】甘心；称心。

尧有这般肯心让与舜帝，天下都无相争还报的心。（《直说大学要略》）

此词早见于宋代，例如：观其意趣，事事通晓，但于为己一着，未有肯心，此区区所深惜。（《晦庵先生朱文公文集》卷四十六）《大词典》首引元代刘君锡《来生债》楔子为例。

M

【模样】样子。

古书注疏中当被释的词是表示性质或状态的形容词时，往往用"貌"字作注。如：《诗・邶风・柏舟》的"寤辟有摽"，毛传："摽，拊心貌。"《左传・桓公二年》的"鞶厉游缨"，孔疏："大带之垂者，名之为绅，而复名为厉者，绅是带之名，厉是垂之貌。"《诗・氓》的"氓之蚩蚩，抱布贸丝"，毛传："蚩蚩，敦厚之貌。"这种用法的"貌"今天一般翻译为"……的样子"。

元代直解文献中也有几例使用"貌"加以训释的：

肫肫其仁。渊渊其渊。浩浩其天。"肫肫"是恳至貌。"渊渊"是静深貌。"浩浩"是广大貌。（《中庸直解》第三十二章）

这些大都是照搬朱熹《四书集注》中的现成训释。值得注意的是，元代直解文献中有时还运用口语格式"……的模样"来替代文言词"貌"，例如，"诗云：'节彼南山，维石岩岩，赫赫师尹，民具尔瞻'"。诗是《小雅·节南山》之篇，"节"是截然高大的模样。（《大学直解》第十章）

朱熹《四书集注》中相应地方的注解为："节，截然高大貌。"今人注释："节，高大、险峻的样子。"[1]

"……的模样"的使用有力地证明了元代直解文献具有较浓的口语化色彩。

从使用功能上看，"貌"可以用来揭示状态形容词的本质、揭示情态副词的本质、揭示状态动词的本质等，"……的模样"也完全具有这些功能。上面是训释形容词的例子，训释副词、动词的例子如下。

见君子而后厌然掩其不善而着其善。"君子"是好的一样人，"厌然"是惶恐要藏躲的模样，"掩"是遮盖，"着"是显著。（《大学直解》第六章）

朱熹的《四书集注》中相应处的注解为："厌然，消沮闭藏之貌。"今人注释："厌然；躲躲藏藏的样子。"[2]

唯天下至诚为能经纶天下之大经，立天下之大本，知天地之化育，夫焉有所倚？"经纶"皆治丝之事。"经"是理其绪而分之。"纶"是比其类而合之。"大经"是父子、君臣、夫妇、长幼、朋友五品之人伦。"大本"是所性之全体。"化育"是造化生育万物。"倚"是靠着的模样。（《中庸直解》第三十二章）

明代直解文献中也沿用了"……的模样"这种训释模式，例如：

故君子和而不流，强哉矫；中立而不倚，强哉矫；国有道，不变塞焉，强哉矫；国无道，至死不变，强哉矫！【直解】这一节是说学者之所当强。

---

[1]　田瑞娟，孙欣：《中华古典名著读本：四书五经卷》，京华出版社，1998，第14页。

[2]　田瑞娟，孙欣：《中华古典名著读本：四书五经卷》，京华出版社，1998，第5页。

矫是强健的模样。(《四书集注阐微解》卷二《中庸》)

子曰:"巍巍乎,舜禹之有天下也而不与焉!"【直解】巍巍是高大的模样。(《四书集注阐微直解》卷七《论语》)

Q

【气禀】指人生来就有的气质。

"性""道"虽是一般,而气禀或异。(《中庸直解》第一章)

《大词典》以《中庸》"天命之谓性"宋代朱熹集注例子为首见书证,其实此词唐朝时已有用例,例如,乃颁制曰:敕不空三藏和尚。故金刚三藏天资秀异,气禀冲和。识洞四生,心依六度。(《贞元新定释教目录》卷十四①)

S

【身己】同"身起"。

这般呵,自家身己立,得好后世的名。(《孝经直解》十四)

此词唐朝时已有用例,如:伤嗟个辈亦是人,一生将此关身己。(《村行遇猎》)《大词典》以《朱子语类》卷九八中的例子为首见书证,当提前。现代汉语中已不用,今广东东莞粤语中仍保留着这个词。②

【身起】身体。又作"身己"。

这富贵不离了咱每的身起呵,自管的田地百姓每都常常存得有。(《孝经直解》第三)

此词唐朝时已有用例,如:倒拽至厅前,枷棒遍身起。(《沉沦三恶道》之一)《大词典》以《刘知远诸宫调·知远别三娘太原投事》例子为唯一书证,没有溯源探流,当补充。

朱居易先生《元剧俗语方言例释》解"身起"为身子、身体,凡引四例:

《刘知远诸宫调》二,沁园春曲:"扑翻身起,权时歇待。"

元本《诈妮子》剧二折江儿水曲:"老阿者使将来服侍,你展污了咱

---

① 大藏经刊行会编:《大正新修大藏经》,台湾新文丰出版有限公司,1996年,第55册第877页。

② 许宝华、宫田一郎主编《汉语方言大词典》,中华书局1999年版,第2761页。

身起。"

元本《拜月亭》剧二折旦白："男儿呵！如今我父亲将我去也，你好生的觑当你身起。"

元本《任风子》剧三折三煞曲："问甚么水胡花性命，爱惜你花朵儿身起。"

蒋礼鸿先生在1982年就发表专文讨论了这个词："按唐释寒山诗中有一首云：'变化计无穷，生死竟不止。三途鸟雀身，五岳龙鱼已。世浊作锐捅，时清为騄駬。前回是富儿，今度成贫士。'其中'身''已'对言，则知元曲'身已'实承唐语，'已'即'身'，同义连文以成一词，即为'身已''身起'则其异写耳。窃疑寒山诗之'已'乃'躬己'之'己'字形近之误，'身'可训'己'，则'己'亦可训'身体'之'身'。元曲'身起''起''己'为音近之歧；其作'身已'，则误与今本寒山诗同也。"[①] 项楚先生（1991）也说："可见，起、己音近之歧，初唐口语即已如是矣。"

【身子】身体。

这四件偏了心便不正，如何能修得自家的身子？（《大学直解》第七章）

此词早见于宋代，例如：密有花红绿刺长，似来作伴石榴芳。金樱身子玫瑰脸，更吃饧枝蜜果香。（《初夏即事十二解》诗之一）《大词典》以元代吴昌龄《张天师》楔子中的例子为首见书证。

【税粮】征收米、麦等实物的赋税。

"敛"是收取税粮。（《中庸直解》第二十章）

此词唐朝时已有用例，例如，朝廷念汾忠孝，诏曰："汾战阵能勇，思祖能敬，其山寺税粮，俱沐优免。"（《全唐文》卷七百九十三刘汾《大赦庵记》）从今已后如有此色，勒乡村老人与所由并邻近等同检勘分明，分析作状送县入案，任邻人及无田产人且为佃事，与纳税粮。（《唐会要》卷八五）此词《大词典》释作"元明两代征收米、麦等实物的赋税"，不确；举《元史·食货志一》为首见书证，过晚。

① 蒋礼鸿：《说"身起""身已"》，《中国语文》1982年第2期，第6卷，浙江教育出版社2001年版，第353-354页。

T

【头目】带头的人；负责的人。

汉高祖初到关中，唤集老的每、诸头目每来。（《经筵讲议·通鉴》）

此词义早见于宋朝，例如，癸丑，夔州路转运使丁谓言：高州刺史田彦伊子承宝并诸头目官族，共百二十二人归附。诏许入朝，赐器币冠带，以承宝为管内山河九溪十洞抚谕都监。（《续资治通鉴长编》卷五十二）《大词典》以《元典章·圣政一·劝农桑》例为首见书证。

W

【物件】东西。

"宝藏"是人所宝重藏畜的物件，如金银铜铁之类皆是。（《中庸直解》第二十六章）

此词早见于唐代，例如：书谓条录送死者物件数目多少，如今死人移书也。（《礼记·曲礼下第二》孔颖达正义）《大词典》首引《董西厢》例子，稍晚。

X

【媳妇】妻子。

官人每各自家以下的人不着落后了，休道媳妇孩儿。（《孝经直解》第八）

此词义较早见于金朝，如：姐姐不枉做媳妇，张生不枉做丈夫。（《西厢记诸宫调》卷六）《大词典》首引元李寿卿《伍员吹箫》第三折例子，稍晚。现在此词义还保留在汉语方言中（一般口语里须儿化）。

【兄弟】弟弟。

敬重他哥哥呵，兄弟欢喜。（《孝经直解》十二）

此词义早见于唐朝，例如，其兄又曰："慎尔生气，吾不惧尔，今须我大兄弟自来。"（《酉阳杂俎·支诺皋中》）我们推测此词义可能是近代汉语出现的一个新义项。现代汉语沿用（一般口语里"弟"须读轻声）。

Y

【余剩】剩余。

国家用度时必须酌量撙节，常有些余剩，这便是"用之者舒"。（《大学直

解》第十章）

唐代已见，如顺时躬睹其事，更倍归依。力助缔搆，劝民设会，供限五百，临时倍来。供主惧少，顺曰：莫遮。通给千人，供足犹有余剩。（《法苑珠林》卷二十八）《大词典》首引宋代苏轼《论纲梢欠折利实状》例子，稍晚。现代汉语沿用。

Z

【祖上】祖先；上代。

孔子再把毛诗里言语说："休道不寻思你祖上，依着你祖上行好勾当着。"（《孝经直解》第一）

此词早见于宋朝，例如，主人笑曰："此吾家传宝也。虽一锭钞一幅，亦不可博。咱们祖上亦是宋氏，流落在此，赵家三百年天下，只有这一个官人，岂可轻易把与人邪！"（《癸辛杂识续集·文山书为北人所重》）《大词典》首引元代武汉臣《老生儿》第三折例子，稍晚。

元代直解文献中新兴的双音名词还有"弊病、歹人、肚皮、根脚、勾当、官里、界限、疢病、亏欠、里面、临了、龙船、起初、前面、去处、全体、人夫、上面、石头、讼辞、说话、体面、田地、头儿、闲话、心上、下面、衍文、样子、资禀"等。共48个，占全部双音新词的25%。

（2）动词

B

【摆列】排列；陈设。

安排棺椁和就里的衣服，覆盖着好者。摆列祭器祭奠呵，好生痛烦恼着。（《孝经直解》第十八）

此词义早见于宋朝，如：缘城上女口止立得弩手一层，遂于初四日措置，于库务寺观及民户权借卓子，增接四脚令高，摆列两层于女口之后，弩手共三层。（《襄阳守城录》）《大词典》首引元代张子坚《得胜令》曲例子，稍晚。

C

【操守】执持善行，固守志节。

其义之德，凡事足以操守，而不夺于外物。(《中庸直解》第三十一章)

到现代汉语中此词用法有所变化，一般用作名词。

D

【打造】制造。

如隋炀帝科天下数万人夫开河修路，栽花插柳，打造龙船。(《直说大学要略》)

五代已见，例如：宜令盐铁使禁止私下打造铸泻铜器，速具条流事件闻奏。(《唐文拾遗》晋高祖《令盐铁使禁销钱铸器物敕》)现代汉语中沿用，且词义有扩大之势。

【等待】等候。

"俟"是等待。(《中庸直解》第二十九章)

此词早见于宋代，例如：乙巳诏：湖北京西宣抚使岳飞丁母忧，已择日降制起复，缘见措置进兵渡江，不可等待。令飞日下主管军马，措置边事，不得辞免。(《建炎以来系年要录》卷一百)《大词典》首引元代宫天挺《范张鸡黍》的例子，稍晚。"等"和"待"是同源词[1]，作"等待"解的"等"是近代产生的新词，"待"是旧词，二者在历史上有一个替换的过程。[2]

G

【赶逐】驱逐。

"迸"是赶逐的意思。(《大学直解》第十章)

此词早见于宋代，例如：仰李舜聪限指挥到火急躬亲前去赶逐捉杀，并逐旋具捉杀到人数外，其巡检即先次冲替。(《续资治通鉴长编》卷三百三十四)到现代汉语此词已经消亡。

H

【害杀】犹言害苦。

---

[1] 王力先生《同源字典》，商务印书馆1982年版，第90页。
[2] 参看汪维辉先生《近代汉语常用词演变研究》，南京大学博士后出站报告，1999年，第60页。

这般害杀天下百姓，坏了国家，至今人都笑骂。(《直说大学要略》)

此词早见于宋代，例如：诸公大笑：昌龄直被他害杀！每夜使人防视，若有些好恶，只是自家不了。(《画墁录》)《大词典》首引元代王实甫《西厢记》第三本第一折的例子，稍晚。

【合行】应该施行。

阿的是孝道的为头儿合行的勾当有。(《孝经直解》第一)

此词早见于唐朝，例如，奉诏："各令于律令格式内，抄出本司合行公事。"(《全唐文》卷八百四十九李盈休《禁叙勋越次奏》)《大词典》首引宋代周密《齐东野语·山陵使故事》的例子，稍晚。

J

【进来】用在动词后，表示到里面来。

正似那财货一般，若有不顺理取将进来的，终也不顺理散将出去，此是必然之理。(《大学直解》第十章)

此词早见于宋代，例如，既而呼其仆来："去却鞍辔，牵那秃驴进来打！"(《醉翁谈录》卷二丁集)《大词典》首引元代尚仲贤《气英布》第一折的例子，稍晚。

K

【砍伐】用锯、斧等把树木等锯断或砍倒。

"诗"是《豳风·伐柯》之篇。"伐"是砍伐。"柯"是斧柄。(《中庸直解》第十三章)

唐代已见，例如：闻始丰县人，毁坏坛场，砍伐松竹，耕种及作坟墓。(《全唐文》卷十九唐睿宗《复建桐柏观敕》)《大词典》首引《元典章新集·刑禁·禁奸恶》为例，过晚。

单音词"砍"的比较可靠的文献用例也见于唐代，如：砍毛淬剑虽无数，歃血为盟不到头。(《东阳罹乱后怀王惬使君五首》)二典"砍"字此义下首引明代用例，过晚。"砍"经过长期与"斫""伐"的竞争，元明时期已占据优势，最终在现代汉语口语里基本淘汰了"斫""伐""斩"。"砍"官话各方言都说，而非官话只有长沙、南昌、海口、南宁等方言点有此词，其他方言点皆无此说法，常用"斩""斫"来表示。"砍"当是官话方言的后起常用词，是官话方言的特征词。

【恐怕】副词。表示估计、担心或疑虑。

若一日不思量呵，恐怕便行得错了。(《直说大学要略》)

此词义早见于唐代，例如：昨来新拜右丞相，恐怕泥涂污马蹄。(《官牛》)

L

【了毕】完毕；了结。

这般为人，报答父母的心了毕也。(《孝经直解》第十八)

此词早见于唐代，如：今夜齐明，敷设总须了毕。佛家道场，卿须备拟；六师所要，朕自祗供。明日拂晨，即须对试。(《降魔变文》)[①]《大词典》首引宋代司马光《进〈资治通鉴〉表》的例子，稍晚。

【落后】本指空间位置的前后，在行进中落在同行者的后面，直解中一般指"怠慢"。

这般呵，把自家父母落后了，敬重别人呵，阿的不是别了孝道的勾当那甚么？(《孝经直解》第九)

此词最早见于五代，如：师共归宗行次，归宗先行，师落后。(《祖堂集》卷十六《南泉和尚》)此处"落后"指落在同行者的后面。到元代，"落后"大量出现，有多个含义，如"怠慢""忘掉""留下"等。现代汉语中词义又缩小，"怠慢"等义消失。

N

【恼怒】愤怒，生气。

"身有"的"身"字当作"心"字，"忿懥"是恼怒的意思，"恐惧"是畏怕的意思，"好乐"是欢喜的意思，"忧患"是愁虑的意思。(《大学直解》第

---

① 黄征、张涌泉校注《敦煌变文校注》，中华书局，1997，第562页。

七章）

此词宋代已有用例，如：右为细末，用酒送下，食后令睡时服之即睡，再不可言语，戒恼怒、房室，此方系累用，无不效验。（《仁斋直指》卷二十二）《大词典》首引元代无名氏《千里独行》第二折的例子，稍晚。现代汉语沿用。

Q

【欺负】欺凌，压迫。

存着自家敬父母的心呵，也不肯将别人来欺负有。（《孝经直解》第二）

此义唐代已有用例，如：雀儿自隐欺负，面孔终是攒沉。（《燕子赋（一）》）[1]《大词典》首引元代无名氏《前汉书平话》卷中的例子，稍晚。现代汉语沿用。

【起来】起立；站起。

曾子起来说道："是，我不省得，怎能知道着？"（《孝经直解》第一）

此义唐代已有用例，如：是时慈母闻唤数声，抬身强强起来，状似破车无异。（《目连缘起》）[2]《大词典》首引元代无名氏《新编五代史平话·梁史平话》卷上的例子，稍晚。现代汉语沿用。

【欠缺】【欠阙】缺少；不足。

若于天下事物的道理不能一件件穷到那极至处，则他心里虽有自然的知识，也未免昏昧欠缺有不能尽了，所以说"惟其理有未穷，故其知有不尽也"。（《大学直解》第六章）

阙是欠阙的意思。（《大学直解》第五章）

唐代已见，例如：诸道若有欠缺，即量赐与。如蒙允许，望付翰林，赐刘沔诏处分未审。（《李文饶文集》卷十四）《大词典》首引元代关汉卿《单刀会》第四折的例子，稍晚。现代汉语一般只用"欠缺"。蒋绍愚先生（2005）说，二字同属溪母月部，"门缺为阙，器缺为缺"意义上有联系，同出一源，

---

① 黄征、张涌泉校注《敦煌变文校注》，中华书局，1997，第377页。

② 黄征、张涌泉校注《敦煌变文校注》，中华书局，1997，第1013页。

有时可以通假，如《列子·汤问》："物有不足，故昔者女娲氏炼五色石以补其阙，断鳌之足以立四极。"其中"阙"通"缺"。

【强如】胜过。

曾子问孔子道："圣人行的事莫不更有强如孝道的勾当么？"（《孝经直解》第九）

此词宋代已有用例，如：算瑞气，丰穰兆。来岁强如，旧年多少？（《霜叶飞·咏雪》）《大词典》首引元代不忽木《点绛唇·辞朝》套曲的例子，稍晚。

R

【辱末】羞辱。又作"辱莫"。

早起的时分、晚睡的时分，常常寻思，休教辱末了父母着。（《孝经直解》第五）

"辱莫"较早出现，如唐代司空图《耐辱居士歌》："若曰尔何能，答言耐辱莫。"我们推测此词可能是唐代才出现的一个新词。现代汉语一般作"辱没"。

S

【上心】放在心上。

将事上心细寻思，自有得处。（《直说大学要略》）

《大词典》以南宋朱熹《朱子全书·中庸一》例子为首见书证，其实二程语录中已出现：犹之有人曾到东京，又曾到西京，又曾到长安，若一处上心来，则他处不容参然在心，心里着两件物不得。（《河南程氏遗书》卷二上）

【说谎】有意说不真实的话。

与人做伴当呵，信实不说谎，便是伴当其间的道理最上等好处。（《直说大学要略》）

此词早见于金代，例如，店都知，说一和，道："国家修造了数载徐过，其间盖造的非小可，想天宫上光景，赛他不过。说谎后小人图甚么？普天之下，更没两座。"（《西厢记诸宫调》卷一）《大词典》首引元代郑廷玉《金凤钗》第三折的例子，稍晚。

X

【小看】轻视。

孔子说："存着自家爱父母的心呵，也不肯将别人来小看有。"(《孝经直解》第二)

此词早见于唐朝，如：直须掌内淋浆洗，用药涂疮莫小看。(《司牧安骥集》卷六)《大词典》首引元代关汉卿《绯衣梦》第一折的例子，稍晚。

【笑骂】讥笑辱骂。

这般害杀天下百姓，坏了国家，至今人都笑骂。(《直说大学要略》)

此词早见于唐朝，如：士庶贵贱竞来礼拜，万回披锦袍，或笑骂，或击鼓，然后随事为验。(《谭宾录》卷一)《大词典》首引瞿秋白《乱弹·谈谈〈三人行〉》的例子，稍晚。

Z

【准备】预先安排或筹划。

如隋炀帝科天下数万人夫开河修路，栽花插柳，打造龙船，准备开了河道，差天下夫①都拽船去游翫扬州。(《直说大学要略》)

此词早见于唐朝，如：临去传语我王，今夜且去，明夜还来，交王急须准备。(《汉将王陵变》)②《大词典》"准备"义项①首引宋代苏轼《乞赈济浙西七州状》的例子，稍晚。

元代直解文献中新兴的双音动词还有"爱戴、安排、安葬、保爱、不枉、藏蓄、承接、承载、传播、等候、发达、分拣、赶趁、感格、涵泳、涵容、唤集、继述、检束、间断、践履、将引、讲明、戒谨、谨独、近理、眷念、看来、考证、理会、没事、能勾、凝聚、判断、培养、恰似、认得、索要、抬举、体验、听候、退后、小觑、形容、省得、晓得、一就、厌恳、倚靠、谀悦、遮盖、遮掩、振作、知道、止遏、致得、总结、坐地、做造"等。共82个，约占全部双音新词的41%。

---

①　江蓝生先生校："夫"上疑脱"人"字。

②　黄征、张涌泉校注《敦煌变文校注》，中华书局，1997，第68页。

（3）形容词

B

【别的】其他的。又作"别底"。

曾子引《秦誓》说："若有一个大臣断断然诚一，没有别的才能，只是易直好善容受得人，还有甚么物可比他的度量？"（《大学直解》第十章）

此词早见于五代，如：我说为无明翳障，直须不见有一法是别底法，方得圆备。（《祖堂集》卷十三《山谷和尚》）"别的"例如：俺也不似别的，你情性俺都识。（《董西厢》卷六）《大词典》未收。

【别个】其他事情；其他方面。

这般呵，怕有别个不到处呵，也少有。（《孝经直解》第六）

此词早见于宋代，如：圣贤千言万语看得虽似纷扰，然却都是这一个道理。而今只就紧要处做，固好，然别个也须一一理会，凑得这一个道理都一般方得。（《朱子语类》卷一百一十八《朱子十五》）《大词典》"别个"条首引元代王实甫《西厢记》第五本第三折的例子，稍晚。

相应的文言词是"余个""他个"，例如：道袍薜带应慵挂，隐帽皮冠尚懒簪。除此更无余个事，一壶村酒一张琴。（《七言》）

G

【干净】清洁。

如人身上有尘垢，今日洗了，明日又洗，每日洗得身上干净。（《直说大学要略》）

此词早见于唐代，例如：风梅花落轻扬扬，十指干净声涓涓。（《听萧君姬人弹琴》）《大词典》首引元代岳伯川《铁拐李》第一折的例子，稍晚。

J

【精细】精明能干。

人人各有禀受不同：禀得清气多的，生得精细；禀得浊气多的，生得不精细。（《直说大学要略》）

此义《大词典》首引例证出自元代关汉卿《裴度还带》，其实宋代已见：

性只是理，有是物斯有是理。子融错处是认心为性，正与佛氏相似。只是佛氏磨擦得这心极精细。(《朱子语类》卷一百二十六《释氏》)此词义可能是近代汉语出现的一个新义项。"精细"的旧义"精密细致"在直解中仍沿用。

T

【停当】妥当，合宜。

做着皇帝，天下百姓看着，都随顺着。行的好勾当呵，天下百姓心里哏快乐有；行的勾当不停当呵，天下百姓失望。一般志量要宽大着，宽大呵，便容得人；心要平正着，平正呵，处得事务停当。(《经筵讲议·帝范君德》)

此词宋代已见，例如：夫子言"文质彬彬"，自然停当恰好，不少了些子意思。若子贡"文犹质，质犹文"，便说得偏了！(《朱子语类》卷三十二《论语十四》)元代以后沿用，例如："凡百事我自和嫂嫂收拾打点……无多时，前后俱收拾停儅。"(《清平山堂话本·快嘴李翠莲记》)"这次总算停当了，我也是一块石头落了地！"(《冬儿姑娘》)现代汉语中仍保留着其引申义"齐备，完毕"。

又作"亭当"，例如，宋韦居安《梅磵诗话》卷下："此一联用事亭当，'奎宿'对'彗星'尤的，乃知作诗不厌改也。"可重叠作"亭亭当当"，如："中者，天下之大本。天地之间，亭亭当当，直上直下之正理，出则不是。"(《河南程氏遗书》卷十一)

【头一】第一。

前面这一段是《大学》传的头一章，解释孔夫子经文中明明德的意思。(《大学直解》第一章)

太田辰夫先生《中国语历史文法》指出："现代汉语中又有在序数词'头'后面加一而成为'头一'的。这种情况下'头'能表示'第'的意义，但只能跟'一'搭配，不能说'头二'，所以'头'和'第'还是不一样的。"[1]但他所举的例子是明代的，其实早在宋元已出现：只如头一章论三晋事，人多

---

① [日]太田辰夫《中国语历史文法》，蒋绍愚、徐昌华译，北京大学出版社，2003，第142–143页。

不以为然，自今观之，只是祖温公尔。(《朱子语类》卷十一《学五》)

《大词典》"头"字条义项⑤"最先的；最前的"首引明代《水浒传》第五一回为例，过晚。

W

【歪斜】不正；不直。

心若正，便有些行不尽的政事，决没一些个歪斜偏向处。(《直说大学要略》)

此词早见于宋代，例如：金刀如圣散，治三十六种风，七十二般气，口眼歪斜，半身不遂，遍身游风白虎歷节疼痛，立劾。(《仁斋直指》卷四)《大词典》首引元代杨暹《刘行首》第三折的例子，嫌晚。

X

【小的】人或物之小者。

雁大的小的厮随着成行飞呵，便自省得那兄弟的道理。(《直说大学要略》)

此词早见于宋代，例如，亚夫问致知诚意，曰：心是大底，意是小的。心要恁地做，却被意从后面牵将去。(《朱子语类》卷十六《大学三》)

元代直解文献中新兴的双音形容词还有"常久、放党、浑融、就里、矜肆、紧要、快活、老实、恰好、生受、舒泰、在先、做作"等。共23个，约占全部双音新词的12%。

（4）数量词

【一般】一班。表数量，用于人群。

汉高祖与一般诸侯只为救百姓，起兵收服了秦家。(《经筵讲议·通鉴》)

此词义《大词典》首引蒋光慈《少年漂泊者》的例子，稍晚。

元代直解文献中新兴的双音数量词还有"个个、件件、些儿、一等、一些、一场、一样"等。共6个，约占全部双音新词的3%。

（5）虚词

A

【阿的】这，这个。

阿的是孝道的为头儿合行的勾当有。（《孝经直解》第一）

据方龄贵先生《古典戏曲外来语考释词典》"阿的"条云：阿的即蒙古语 ede 之对音。柯瓦列夫斯基《蒙俄法辞典》第196页：dee，这，今，这个，这些，那个，那些。内蒙古大学蒙古语文研究室编《蒙汉辞典》第139页：è de，这些人，他们（近指）。按训为"这""这个"的蒙古语通常作 nee，《元朝秘史》汉字表音为"额捏"，屡见。莱兴《蒙俄辞典》括示 ede 为 nee 的复数，指此。而柯瓦列夫斯基《蒙俄法辞典》，dee 身兼单、复数两种。查《元朝秘史》汉字标音蒙语 dee 对应的"额迭"凡七十一见，其中旁译为"这""这的"，有六十一例，而旁译为"这每""这的每"，有十例。元代戏曲中较常见，如关汉卿《闺怨佳人拜月亭》第二折："阿的是五夜其高，六日向上。"又《邓夫人苦痛哭存孝》第三折："阿的好小番也。暖帽貂裘最堪宜，小番平步走如飞。"朱凯《刘玄德醉走黄鹤楼》第二折："清早晨起来，头不曾梳，脸不曾洗，喝了五六碗茶，阿的们大烧饼吃了六七个，才充了饥也。"[1]在朝鲜中宗年间著名语言学家崔世珍所著《老乞大》《朴通事》的语词训释书《单字解》中"阿"条说："阿的：犹言此也。又语助辞'有阿没？'皆元朝之语。"夏凤梅《〈老乞大〉四种版本词汇比较研究》也同意方说，但认为"阿的"一词"为元代所使用，前面的宋代，后面的明清都不用"。按：此说不完全正确，"阿的"在明代前期成书的会话书《训世评话》中出现了三次，即阿的便是"既明且哲，以保其身"。（《训世评话》20白）[2]阿的便是"孝亲不在酒肉，只在养志"。（《训世评话》34白）阿的便是"运来铁也争光，运去黄金失色"。（《训世评话》51白）

---

① 见方龄贵先生《古典戏曲外来语考释词典》，汉语大词典出版社、云南大学出版社2001年版，第419页。

② 20表示该句在第20则故事，白表示白话部分。下文引例同此。

B

【备细】详尽。

备细思量，正心是大学的好法度。(《直说大学要略》)

此词早见于宋代，例如：帝于差来正旦使处，当备细道来，朕要知端的。(《建炎以来系年要录》卷一百九十)《大词典》首引元代武汉臣《生金阁》第四折的例子，稍晚。

【不拣】无论。

天下事不拣甚麼公事，都从那正心上做将出来，撇不得那正心两个字。(《直说大学要略》)

此词唐代已见，例如：不拣花朝与雪朝，五年从事霍嫖姚。(《梓州罢吟寄同舍》)此例中"不拣"置于并列的词语前面，不同于直解中放在疑问句或疑问词前面的用法。后者的例子见于宋代，如：凡一切有关系公事，宜不倦多方咨问，左右上下乡邑内外，不拣是何人氏，前后参错隔别询审，所言所论随得辄书，仍记所言人之姓名以备考详。(《赵宝峰先生文集》卷一)《大词典》首引《元典章·礼部六·释教》的例子，稍晚。现代河南方言中还保留此词。

H

【好生】①甚，很。

汉高祖姓刘名邦，为秦始皇二世皇帝的时分好生没体例的勾当做来，苦虐百姓来。(《经筵讲议·通鉴》)

此词义早见于宋代，例如：留与去，如何得。风又雨，催行色。共白苹红蓼，好生飘泊。(《满江红（别沧洲赵茂仲）》)

②用心；好好地。

坐着大位次里，好生谦恭近理，休怠慢者。(《经筵讲议·帝范君德》)

此词义早见于敦煌变文，例如：若见维摩传慰问，好生祇对莫羞惭。(《维摩诘经讲经文（四）》）①此词义《大词典》所举的最早用例为《朱子语类》卷十四中的用例，稍晚，应提前至唐代。现代方言中还保留此词。

【胡乱】任意；没有道理。

大凡为人，件件从那正心上行得来，自然有个主张，不胡乱行事。（《直说大学要略》）

唐代已见，例如：瞖人不识胡乱道，依立病状乱施呈。（《司牧安骥集》卷五）此词义《大词典》所举的最早用例为宋代司马光《乞不贷故斗杀札子》中的用例，稍晚，应提前至唐代。

J

【极其】非常，十分。

圣人之德既是极其真实，无有一些虚假，便自然无有间断。（《中庸直解》第二十六章）

五代已见，例如：专欲振起儒教，后生谒见者，率以经学讽之。而周其所急，理家理身，极其俭薄。（《旧唐书·郑余庆传》）《大词典》首引宋代张栻《赠学士安国公敬简堂记》的例子，稍晚。

L

【了也】语气助词，相当于"啦"。

我先前与一般的诸侯说，先到关中者王之，我先来了也。（《经筵讲议·通鉴》）

此词早见于敦煌变文，例如：如是与君解了也，我闻次弟处唱将来。（《维摩诘经讲经文（一）》，《敦煌变文校注》第753页）《大词典》首引元代李致远《还牢末》第一折的例子，稍晚。曹广顺先生（1987）曾考察过"了也"在历史上使用的情况："了也"在《祖堂集》中为数可观，但宋代却寥寥无几，元代"了"和"了也"并用，明代以后"了也"又重新消失了。

---

① 黄征、张涌泉校注《敦煌变文校注》，中华书局，1997，第858页。

N

【宁可】宁愿。

盖聚敛的臣剥民膏血以奉其上，不比盗窃之臣，止盗府库之财而祸不及民，故君子与其有聚敛之臣，宁可有盗窃之臣。(《大学直解》第十章)

清人翟灏《通俗编》卷三十三云，"《说文》：'甯，所愿也。'徐氏注：甯犹宁也，俗言宁可如此为甯可如此。按，……'宁可'见《世说新语》：刘尹曰：'宁可斗战求胜？'"。我们认为，《世说新语》的"宁可"是"岂可；难道能够"之意，而非表示"宁愿"。表示"宁愿"的"宁可"在唐代以前只是在佛经中偶有使用，唐以后方见于中土文献。[①]例如：自心不全甄别，他医难得精妙。与其疗也，宁可任之。(唐王焘《外台秘要》卷三)[②]

S

【甚的】什么。

小人于人不见处甚的歹勾当不做出来？及至见人，口里则说道："俺做好公事。"(《直说大学要略》)

此词早见于金代，例如：被几句杂说闲言，送一段风流烦恼。道甚的来？道甚的来？(《董西厢》卷一)《大词典》首引《宣和遗事》前集的例子，稍晚。

Y

【一向】犹一味，一意。

平常的人固当简慢，若只管随其情之所向，不知这样人也有不当简慢处，一向简慢他，这便是教情陷于一偏。(《大学直解》第八章)

明代仍有用例，如：学道人理会不得，一向去古人入道因缘上求玄、求妙、求奇特、觅解会，不能见月忘指，直下一刀两段。(《指月录》卷三十一)《大词典》首引例为唐代白居易《昭君怨》："自是君恩薄如纸，不须一向恨丹青。"最晚的例证是出自宋金时期文献的，未探流。该词至少元代仍在使用。

---

① 参见汪维辉：《〈齐民要术〉词汇语法研究》，上海教育出版社2007年版，第15页。

② 何宛屏：《说"宁可"》，《中国语文》2001年第1期，第76–79页。

Z

【这般】犹这样。表示性状、程度等。

穿的衣服、说的言语、行的勾当三件儿不差了，这般好的人呵，不坏了自家祖宗家庙的祭奠有。(《孝经直解》第四)

此词早见于唐代，例如：息精息气养精神，精养丹田气养身。有人学得这般术，便是长生不死人。(吕岩《绝句》)《大词典》首引宋代辛弃疾《锦帐春·席上和杜叔高》词的例子，稍晚。

【只管】只顾；一直；一味。

圣人教人今日学一件，把那一件道理穷究到是处，明日再去为一件，又恁的穷究。今日明日只管穷究将去。(《直说大学要略》)

此词早见于五代，例如：师每日只管睡，雪峰只管坐禅。(《祖堂集》卷七《岩头和尚》)《大词典》首引宋代范成大《去年多雪苦寒》诗的例子，稍晚。

【这的】指示代词，这个，这里，又作"遮底"。

这的便是新民。(《直说大学要略》)

此词早见于宋代，例如，问：如何免得生死？师云：用免做什么？僧云：如何免得？师云：遮底不生死。(《景德传灯录》卷六"抚州石巩慧藏禅师")《大词典》首引《元典章·台纲一·内台》的例子，稍晚。

元代直解文献中新兴的双音虚词还有"只要、早先、这般、比似、重新、大概、到处、根底、根前、几般、莫不、麼道、那个、那里、恁的（恁地）、平白、甚么、私下、十分、须索、也似、一般、一就、这个、遮莫①、怎生、真个"等。共40个，约占全部双音新词的20%。

第四节　元代直解文献中的多音节词语

这里所说的"多音节词语"包括三音词和成语，是元代直解文献词汇中

---

① 参看梁吉平《无条件连词"遮莫"的产生》，载《唐山师范学院学报》，2017年第6期，第21-24，70页。

极富特点的部分。

一、三音词语

上古汉语以单音词为主，三音词数量也不少，但它们在各词类中分布很不均匀，主要有偏正结构的专有名词、加缀形容词两类实词，其他类的实词较少，有几个三音动词，如"执牛耳"(《国语·吴语》)、"执箕帚"(《左传·哀公十七年》)[①]，虚词数量极少。我们认为，上古虽然有了三音节的表达形式，但其意义内容很不丰富，其发展也是很有限的，可将上古视为三音词的萌芽阶段。到了近代，三音词数量剧增，它们在近代汉语词汇总量中所占比重较前代有了大幅度提高。据初步统计，李崇兴等先生编的《元语言词典》中，总词条约有5300个，三音词约有400个，占总词汇量的7.5%。三音词构词方法更完善，结构类型更丰富。仅形容词就有附加式、偏正式、主谓式、动宾式、联合式和重叠式等6种结构方式，有 ABB、Abb、ABC、Abc 等构词模式。三音名词的结构层次也较复杂，有附加式、偏正式、主谓式、联合式4种构词方式。[②]

元代直解文献中的三音词语按构成方式可划分为以下五种。

（一）述宾式

【没体例】不法，无理。

汉高祖姓刘名邦，为秦始皇二世皇帝的时分好生没体例的勾当做来，苦虐百姓来，汉高祖与一般诸侯只为救百姓，起兵收服了秦家。(《经筵讲议·通鉴》)

同期用例如，俺商量来：受宣敕的官人每、令史每，但是勾当的人每，要了肚皮，偷了官钱，没体例做了，逃走了的，经了革呵，依着招了的体例里，合罢的、合降等的，更他每合得的罪名里，做例行呵，使见识的人每少

---

① 此类动宾式三音词和"览相观"(《楚辞·离骚》)、"缮完葺"(《左传·襄公三十一年》)等三字同义连文不同，后者更像是短语。

② 杨爱姣：《近代汉语三音词研究》，武汉大学出版社，2005，第10–13页。

也者。(《元典章·刑部》卷八《犯赃官吏在逃不叙》)

【添气力】协助，配合。

那周公是周武王的宰相，拜郊的时，将他周家的祖与天一处祭呵，天下诸侯都来添气力祭奠有来。(《孝经直解》第九)

同期用例如：沿路来的时分，经过的城子里索防送的人呵，不是俺管的地面贼有么道，不曾添气力来。军官每并管民官似这般不添气力呵，怎生？(《通制条格》卷十九《捕盗责限》)转运司凡有合添气力办课公事，仰就便申覆江西等处行尚书省施行。(《元典章·户部》卷八《榷茶运司条画》)上述例句中的"添气力"已凝固成词，义为协助，配合。"气力"有"力量""势力""财力"的意思。

【要罪过】治罪。

与父老约法三章：杀人者死，伤人及盗者随他所犯轻重要罪过者，其余秦家的刑法都除了者。(《经筵讲义·通鉴》)

同期用例如：若在外千户与护卫散班做同等相争斗呵，将在外的千户要罪过者。(《元朝秘史》卷十一)已后军官每私使军人，或因他底工役死了的有呵，斟酌轻重要罪过。(《元典章·刑部》卷十六《百户王伯川役死军》)"要罪过"已凝固成词，是治罪的意思，不能简单地理解作"要（某人的）罪行过失"。它可以有时制，如"要了罪过"表示已经治罪。"重要罪过"是指从重治罪，不能理解成"重要的罪过"。

【道不是】谴责，责怪。

圣人的勾当反道不是，便似没圣人的一般。孝顺的勾当反道不是，便似没父母的一般。(《孝经直解》第十一)

同期用例如：拿了桑哥底后头，御史台官人每为甚么不先说来？麽道，先皇帝俺根底哏道不是来。待打呵，饶了来。(《元典章·刑部》卷十五《传闻不许言告》)没体例底公事休行者。行呵，拔合思把八合失根底说者。怎生问当道不是，拔合思把八合失识者。(《一二六八年登封少林寺圣旨碑》)

上述例句中的"道不是"已凝固成词，义为谴责，责怪。"不是"指过错、缺点，例如关汉卿《赵盼儿风月救风尘》第四折："我有甚么不是，你休了我？"后来，"道不是"中间也可以插入"个"，例如，那妇人道："叔叔，是必搬来家里住；若是叔叔不搬来时，教我两口儿也吃别人笑话。亲兄弟难比别人。大哥，你便打点一间房请叔叔来家里过活，休教邻舍街坊道个不是。"武大道："大嫂说得是。二哥，你便搬来，也教我争口气。"（《水浒传》第二十三回）此词《元语言词典》未收。《大词典》释为"赔罪"，漏收"谴责，责怪"义。

又如"尽孝心、作生活"等。

（二）附加式

【根脚里】从前。

因这般呵，圣人行的教道政事不须严肃呵，自家成有。是他根脚里元有那个孝顺的心来。（《孝经直解》第九）

同期用例如：军役里出去了的太医每根底，根脚里的军役除豁了，教太医院里行者。（《通制条格》卷三《太医差役》）也可札鲁花赤俺根底与文书："根脚里成吉思皇帝时分立札鲁花赤呵，诸王、驸马、各怯薛歹、各爱马蒙古、色目人每奸盗、诈伪、婚姻、驱良等事，交管来。至元二十二年，汉人有罪过呵，也交俺管来。"（《元典章·刑部》卷十一《剜豁土居人物依堂盗论》）上述例句中的"根脚里"已凝固成词，义为从前。

又如"中间里、为头儿、每日家、一些个、可怜见、因此上、为头儿"等。

（三）偏正式

【别一日】另一天。

《大词典》未收"别一日"。唐代文献和五代宋禅宗语录中偶见"别日"用例①，如《陈书·姚察传》②："文帝知察蔬菲，别日乃独召入内殿，赐果菜。"

① 唐代张九龄《道逢北使题赠京邑亲知》："故人怜别日，旅雁逐归时。"其中的"别日"指"离别的日子"，是另一个词。
② 唐人所撰的前代史书的语料年代有争议，我们暂且按史书编著者的时代来将其归类，即看作唐代语料。

《祖堂集》卷三《慧忠国师》，"师见诸座主不会，遂笑曰：'诸座主且归寺，别日却来。'"。《景德传灯录》卷二十"前潭州龙牙山居遁禅师法嗣""师曰：'别日来，与汝道。'"。《从容庵录》："别日再商量。"目前尚未见到唐以前的例子，相应的文言词是"他日/异日"，如：汝等宜思记之，他日有如此子，即我子也，宜话吾之由。异日，策问龙文曰："鸥枭何以食母？弱水何以西流？武王何以伐纣？"（《搜神记》卷四）汪维辉先生认为："旁指代词'他/异'—'别'有一个历时替换过程，'别'字从唐代以后构词能力逐渐增强，在许多场合陆续取代了'他/异'，如别处、别家、别枝、别室、别院、别事、别时、别身、别体、别调、别物、别法、别理、别路等等。"①宋代已见"别一日"，例如，孝宗云：朕之虑甚远，卿可于唐以前仔细密加讨论，别一日进呈。（《建炎以来朝野杂记》乙集卷二）

【儿孩儿】男孩。

儿孩儿、女孩儿行者、哭者送出去着。（《孝经直解》十八）

同期的用例如：大凡结亲呵，儿孩儿便看他家道，女孩儿便看他颜色。（《元朝秘史》卷一）《元语言词典》已收。我们推测此词可能是元代出现的一个新词，明以后趋于消失了。此词的消亡可能与"男孩"的兴起有关。"男孩"最早在《新编五代史平话》中有一条用例，其他元明文献未见用例。至清代"儿孩儿"已经不用，"男孩"的用例增加了，至现当代用例大增，成为常用词。

【大模样】形容傲慢、满不在乎的样子。

在上的人大模样的勾当不行，哏和顺，教得百姓每都无厮争的勾当有。（《孝经直解》第七）

同期的用例如：哥，你说甚么话，他如今气象大起来时，妆腰大模样，只把我这旧弟兄伴当们根底，半点也不睬。（《朴通事谚解》）《元语言词典》未收。现代汉语里一般说"大模大样"。

【大官人】指诸侯、大臣。

---

① 汪维辉：《汉语词汇史新探》，上海人民出版社，2007，第171–194页。

这一章说大官人每行的勾当。(《孝经直解》第三)

《大词典》只收"对有钱有势、社会地位较高的男子和富贵人家子弟的尊称"一义,应补。

【一般样】一样,同样。

似这般便能齐家。能齐家,则俺家大的小的都学俺一般样好,不教大的不做大,小的不做小。(《直说大学要略》)

此词《大词典》所举的最早用例为《京本通俗小说·拗相公》中的用例,稍晚,应提前至元代。

【这般样】这样。

这般样思量呵,便是明德、新民到得那至善的意儿。(《直说大学要略》)

此词《大词典》所举的最早用例为明代高明《琵琶记·瞷询衷情》中的用例,稍晚,应提前。

又如"大名分、大位次、歹勾当、女孩儿、上头人、下头人、官司事、一等人、一体例、远田地、烟火台、不到处、这其间、恰便似、孔夫子"等。

(四)述补式

【看不见】看不到。

曾子说:心是一身的主宰,心若不在呵,虽是眼前的物件也都看不见,耳边的声音也都听不得,口里吃的饮食也都不知滋味了,所以君子常常要存着这心以检求其身。(《大学直解》第七章)

此语早见于唐朝,如:前日满林红锦遍,今日绕林看不见。(《叹花词》)

"不见"用在"闻""看""找"等动词之后,表示行动没有结果。此用法早在中古已产生,例如:潘岳河边返,情知掷果多。闭嬴听不见,无奈识车何。(《咏安仁得果诗》)[①]《大词典》"不见"词条的义项④所举的最早用例为清代李渔《奈何天·惊丑》中的例句,过晚,应提前。

---

① 参见王云路《中古常用词研究漫谈》,载《中古近代汉语研究》第一辑,上海教育出版社,2000年。

又如"及不得、忘不了、赶不上"等。

（五）叠式

如"一件件"。

元代直解文献三音词的发展，大大增加了汉语词汇的容量和构词方式的灵活性，可以把新的复杂的概念表达得十分明确。

二、成语

（一）按来源划分

（1）元代直解文献中有8个四字语出自上古时期：

各得其所、各得其宜、改过自新、千变万化、众叛亲离、云行雨施、自强不息、天高地下

（2）元代直解文献中有4个四字语出自中古时期：

不可多得、飞禽走兽、含哺鼓腹、三纲五常

（3）元代直解文献中有34个四字语出自近代汉语：

不假思索、不偏不倚、不过如此、承上起下、彻头彻尾、脉络分明、开河修路、栽花插柳、擂鼓烧火、取信于人、千般百样、无愧于心、恤孤念寡、惊世骇俗、口口相传、困心衡虑、念念不忘、千言万语、上行下效、设身处地、人同此心、虚灵不昧、应接不穷、隐而不发、左遮右盖、恩深义重、仰事俯育、意味深长、无所不备、推己及人、上行下效、正正当当、托物起兴、显隐精粗

可为《大词典》提前书证时代的元代直解文献多音词语有：

"设身处地"此词《大词典》所举的最早用例为明代海瑞《督抚条例》中的用例，稍晚，应提前至元代。

"困心衡虑"此词《大词典》所举的最早用例为明代宋濂《环翠亭记》中的用例，稍晚，应提前至元代。

"惊世骇俗"此词《大词典》所举的最早用例为明代刘基《贾性之市德斋

记》中的用例，稍晚，应提前至元代。

"贪得无厌"此词《大词典》所举的最早用例为明代《四游记·三至岳阳飞度》中的用例，稍晚，应提前至元代。

（二）按构词方式划分

现代汉语中四字组合有 ABAC 式，如："自作自受"；AABB 式，如："平平淡淡"；ABCD 式，如："天南海北"；ABCC 式，如："大腹便便"；AABC式，如："花花公子"；ABCB 式，如"见怪不怪"；ABCA 式，如"山外有山"，等等。其中 AABB 式、ABAC 式、ABCD 式、AABC 式等均可在元代直解文献四字语的构成中寻找到踪迹：

（1）AABB 式，如"正正当当"。

（2）ABAC 式，如"尽心尽力、彻头彻尾、不偏不倚"。

（3）AABC 式，如"念念不忘、口口相传"。

（4）ABCD 式，如"设身处地"。

ABCD 式四字语中有一些固定格式，例如：

【左遮右盖】遮遮掩掩。

曾子又说，小人在没人处干了不好的事，及至见了君子的人却心里惶恐，左遮右盖，要掩他不好的事，显出他好的事来。(《大学直解》第六章)

"左"与"右"是一对具有反义关系的方位词，在汉语中常常被对举使用，形成"左……右……"格式。吕叔湘先生在《现代汉语八百词》中指出此格式的两种基本用法。（一）左 + 动1+ 右 + 动2。动1和动2相同或意义相近。（二）左 + 一 + 量［+ 名1］+ 右 + 一 + 量［+ 名2］。[①]据研究，在上古汉语中，由这一格式构成的词语就已经出现了，共有6个，如"左旋右抽"（《诗经》）、"左提右挈"（《史记》）、"左视右视"（《新书》）等。在中古汉语中有所发展，出现了39个，如"左攫右拿""左顾右盼""左挥右洒""左还右旋"等，主要见于唐诗、五代敦煌变文、宋词、禅宗语录以及口语性比较强的《朱子语类》

---

① 吕叔湘：《现代汉语八百词》，商务印书馆，1980，第705页。

中。而随着元话本的兴起，元曲的兴盛，尤其是明清小说的繁荣，在近代汉语中由这一格式构成的词语大量增加，总数达188个（重复使用的不计）。其大量产生的原因有二：一是俗文学的兴盛促使大量的俗白词语产生；二是这一格式形式简约，能产性强，构成的多是四字格的词语，符合中国人对语言简洁和音韵和谐的追求。[①]"左遮右盖"比单用"遮盖"表达更加生动形象。

（5）ABAB式，如"一步一步"。

三、与现代汉语的成语对比

元代直解文献中有的成语和现代汉语习见的成语大同小异，如（直解—现代汉语）：

（1）"欺世而盗名"—"欺世盗名""身体而力行之"—"身体力行"

二者的差别仅在于虚词的有无。

（2）"尽心尽力"—"尽心竭力""天菑人害"—"天灾人祸"

二者的差别仅在于个别同义语素的替换，整体上看仍是同义的。

[①] 　孟祥英：《"左V1右V2"格式初探》，《山东师范大学学报》（人文社会科学版）2008年第4期，第90—94页。

第四章

元代直解文献词汇对辞书编纂的参考价值

《汉语大词典》是迄今为止收词最丰富、释义最完善的一部大型综合工具书，"古今兼收，源流并重"。本章主要以《汉语大词典》为参照，通过系统而全面的调查研究，为辞书的编撰和修订提供一些有价值的资料，例如纠正辞书中错误的释义，增补遗漏的义项，补充漏收的词条，弥补孤证的不足，提前滞后的书证等。以阐明元代直解文献的词语对于大型辞书编纂所具有的重要价值。

第一节 《汉语大词典》漏收的词条与义项

通过比照，我们发现元代直解文献中为《汉语大词典》所漏收词语有约130个、义项14个。下面我们以元代直解文献中已出现的词语为例来考察《汉语大词典》漏收问题，另外还参考了近代汉语几部重要的词典（书目见参考文献），希望能为今后有关语文辞书的编纂、修订提供一些参考。在下文中，如果无特别说明，则《汉语大词典》未收录该词条。《汉语大词典》漏收的直解词语按其出现年代又可以分成以下两类。

一、见于唐代之前而未被收录者

B

【便自】就。

大虫豹子不吃他孩儿。便自省得那父子的道理。（《直说大学要略》）

南北朝时期已见，例如，孝武山陵夕，王孝伯入临，告其诸弟曰："虽榱桷惟新，便自有黍离之哀！"（《世说新语·伤逝》）

C

【穿井】打井。

学歹人的似穿井一般，一步低如一步。(《直说大学要略》)

先秦已见：今子曰国治则为礼乐，乱则治之，是譬犹噎而穿井也，死而求医也。(《墨子》卷十二《公孟》)

F

【分理】分别管理。

第五件，当体念分理庶务的群臣。(《中庸直解》第二十章)

东晋时期已见，例如，《洛书》曰：人皇始出继地皇之后，兄弟九人分理九州为九囿，人皇居中州，制八辅。(《华阳国志》卷一)

【赋与】给予；交给。

"诚"是真实无妄之谓。天赋与人的道理本来真实无妄，无一些人为，这便是天之道也。(《中庸直解》第二十章)

南北朝时期已见：续复击破之，斩首三千余级，生获渠帅，其余党辈原为平民，赋与佃器，使就农业。(《后汉书·羊续传》)

G

【供荐】进献。

"荐"是供荐，"时食"是四时该荐的品物。孔子又说："武王、周公制为祭礼，当那春秋的时节，便整饬那祭祀的去处，陈那先世所藏的重器，设那先世所遗的衣服，供荐那四时该用的品物。"(《中庸直解》第十九章)

此词东汉已产生，例如：凡供荐新味，多非其节，或郁养强孰，或穿掘萌芽，味无所至，而大折生长，岂所以顺时育物乎？(《全后汉文》卷九和熹邓后《禁供荐新味诏》)《元语言词典》未收此词。现代汉语已不用。

J

【加厚】增厚。

上天生物，必因他材质而加厚他。(《中庸直解》第十七章)

汉代已见：又，复也。以其壹意欲复与燕加厚之。(《诗·小雅·南有嘉

鱼》"君子有酒，嘉宾式燕又思" 汉郑玄笺）

【加敬】敬重。

第四件，当加敬那爵位隆重的大臣。（《中庸直解》第二十章）

此词汉时已有用例，如：玄成字少翁，以父任为郎，常侍骑。少好学，修父业，尤谦逊下士。出遇知识步行，辄下从者，与载送之，以为常。其接人，贫贱者益加敬，繇是名誉日广。（《汉书·韦贤传附子玄成传》）

【鉴视】视为镜鉴，把……当作借鉴。

后来周家做天子的，当要鉴视殷家，这上天的大命保守甚难，不可失了人心。（《大学直解》第十章）

此词佟晓彤（2007）举出了北宋李荐的《苏门六君子文粹》中的用例。我们发现东汉时已有用例，如：殷之所鉴视，近在夏后之世矣。以前代善恶为明镜也，欲使周亦鉴于殷之所以亡也。（《孟子章句》卷七上）《元语言词典》亦未收。现代汉语里已不用。

【僭为】超越本分，冒用在上者的职权、名义行事。

贱的人不可自专，却好专以一己之智而僭为，如后面说有德无位而作礼乐者便是。（《中庸直解》第二十八章）

南北朝时期已见：有宦者赵忠丧父，归葬安平，僭为玙璠、玉匣、偶人。（《后汉书·朱晖传附孙穆传》）

【将欲】将要。表示客观的将然。

如国家将欲丧亡，必先有那等妖孽的不好事出来，这便是祸之萌。（《中庸直解》第二十四章）

南北朝时期已见：菩萨妇家姓瞿昙氏舍夷，长者名水光，其妇名月女，有一城居近其边，生女之时，日将欲没，余明照其家，室内皆明，因字之为瞿夷。（《释迦谱》卷一）《元语言词典》未收此词。现代汉语已不用。

M

【每日】每天。

如人身上有尘垢，今日洗了，明日又洗，每日洗得身上干净。（《直说大

学要略》)

汉代已见：右五味末之，炼蜜和丸如兔屎大，每日食前服一丸，不知，加至三丸。(《金匮要略方论》卷下)

Q

【栖皮】箭靶的中心。

"射"是射箭，射弸里面画布叫做"正"，栖皮叫做"鹄"。(《中庸直解》第十四章)

汉代已见：反求于其身，不以怨人，画曰正，栖皮曰鹄。(《礼记》卷十六"射有似乎君子，失诸正鹄，反求诸其身"汉郑玄注)

【气臭】气味。

子思又引这诗说："上天之事，无声音之可听，无气臭之可闻，这才是不显之极至。"(《中庸直解》第三十三章)

先秦已见：郊血大飨腥三献，爓一献，孰至敬不飨味而贵气臭也。(《礼记·郊特牲》)

R

【人害】人为的灾害。

"菑"是天菑，"害"是人害，"善者"是有才德的好人。(《大学直解》第十章)

先秦已见：不逢天菑，不遇人害，谓之圣人。(《管子·内业》)

S

【深处】较深的地方。

"渊"是水之深处。(《中庸直解》第三十一章)

南北朝时期已见，例如，永既设伏，乃密令人以瓠盛火，渡淮南岸，当深处置之，敕之云："若有火起，即亦然之。"(《魏书·傅永传》)

【胜人】胜过他人。

盖南方风气柔弱，故以含忍之力胜人为强。此则君子之道，故曰"君子居之"。(《中庸直解》第十章)

先秦已见：知人者智，自知者明。胜人者有力，自胜者强。(《老子》第三十三章）

W

【未达】没有做官时。

君子当国家有道之时，达而在上，不改变了未达之所守，其强之矫矫者。(《中庸直解》第十章）

晋朝已见，例如，父母亦泣责骂祈："我生时汝仕宦未达，不得汝禄养我，死后汝何为犯忤神仙尊官，使我被收束囚辱如此，汝亦何面目立于人间？"(《神仙传》卷八）

【卧席】寝卧之席。指床褥。

那刀鎗盔甲是征伐时所用的凶器，人所畏怕的，今乃视之如卧席一般，虽至于死而无厌悔之意，这便是北方之强。(《中庸直解》第十章）

汉代已见：衽，卧席也。(《礼记》卷二"请席何乡，请衽何趾"汉郑玄注）

【喜悦】喜欢。

不言则已，言则下民都尊信他，无有疑惑。不行则已，行则下民都喜悦他，无有怨恶。(《中庸直解》第三十一章）

此词义早见于东汉，如：燕人所以持箪食壶浆来迎王师者，欲避水火难耳。如其所患益甚，则亦运行奔走而去矣。今王诚能使燕民免于水火，亦若武王伐纣，殷民喜悦之，则取之而已。(《孟子·梁惠王下》赵岐注）《大词典》漏收此义，应添加表"喜欢，喜爱"的及物动词用法。佟晓彤（2007）注意到了直解中的"喜悦"可作动词"喜欢，喜爱"解，但她只引用了明清时代的用例为证。

Y

【要法】重要的方法。

朱子又说，第五章论格物致知是明善穷理的要法。(《大学直解》）

汉代已见：故君子脩身及孝，则民不倍矣，敬孝达乎下，则民知慈爱矣，好恶喻乎百姓，则下应其上如影响矣。是则兼制天下、定海内、臣万姓之要

法也，明王圣主之所不能须臾而舍也。（《韩诗外传》卷五）

【一处】某处。

子思说：以山言之，指其一处，不过一卷石之多而已。（《中庸直解》第二十六章）

东汉已见：夫人乃得生于父母，得成道德于师，得荣尊于君，每独居一处，念君、父、师将老，无有可以复之者，常思行为师得殊方异文，可以报功者。（《太平经》卷四十七）

【愿慕】羡慕。

"愿"是愿慕。（《中庸直解》第十四章）

此词战国时已有用例，如：何时俗之工巧兮，灭规榘而改凿。独耿介而不随兮，愿慕先圣之遗教。（《九辩》）

Z

【在前】从前。

圣人出世，自己能明明德，见这般人，教与那天与的仁、义、礼、智、信五常之德，将在前错行了的改过自新，这的便是"新民"。（《直说大学要略》）

"在前"上古指方位，如《论语·子罕》："瞻之在前，忽焉在后。"这和直解中指时间的"在前"不同义，但由于空间向时间的词义引申，此词词义后来在汉代发生变化。例如：

子在朕前时，辐辏并至，以为天下少双，海内寡二，至连十余城之势，任四千石之重，而盗贼浮船行攻取于库兵，甚不称在前时何也？（《论衡·定贤》）

上例中的"在前"也可以理解为"先前"。元代"在前"表时间的例子还有不少，如：我在前也曾抽签掷珓，也曾与人圆梦来，如今卖龟儿卦的多了，不灵了。（《锺离春智勇定齐》第一折）清代仍有此说法，如：官在前疑是妇人谋害，今见庚英相貌端庄，言词温婉，不似谋夫之人，况所言句句是理，无缝可插。（《跻春台》卷一）

【造塔】建造佛塔。

学好人的如造塔儿一般，一步高如一步。(《直说大学要略》)

晋朝已见：佛自与诸弟子共造塔，高七八丈，以为将来塔法，今犹在。(《法显传》)

【竹片】片状的竹子。

"旧本"是旧时传下的《大学》本子，"错"是差错，"简"是竹片。(《大学直解》第一章)

南北朝时期已见：魏武征袁本初，治装，余有数十斛竹片，咸长数寸。众云并不堪用，正令烧除。(《世说新语·捷悟》)

【周流】遍行。

当时孔子为鲁君不用，就鲁国便去周流齐、燕、赵、宋、陈、楚、卫七国。(《直说大学要略》)

先秦已见：圣王不往而视也，不就而听也，然而使天下之为寇乱盗贼者周流天下，无所重足者，何也？(《墨子》卷三《尚同下》)

【种养】栽种。

天的四时种养的道理不落后了，分拣得田地上种养得五谷，自家的身起谨慎少使用了呵，孝养父母着。(《孝经直解》)

南北朝时期已见：今更刊革，立制五条。凡是山泽，先常燎爐，种养竹木杂果为林苿，及陂湖江海鱼梁鳅鳖场，常加功修作者，听不追夺。(《宋书·羊玄保传附兄子希传》)《元语言词典》亦未收。现代汉语已消失。

二、始见于唐至元代而未被收录者

A

【傲人】对待他人倨傲。

在上的傲人呵，名分失了。(《孝经直解》第十)

宋代已见：保极无时才，有傲人之名，而性复鄙吝，所得利禄，未尝奉身，但蔬食而已。(《旧五代史·晋书·陈保极传》)

B

【比合】比照牵合。

独有天下极诚无妄的圣人，于那五品之人伦如治丝一般，分别其等，比合其类，各尽其当然之则，而皆可以为天下后世法。故曰"经纶天下之大经"。(《中庸直解》第三十二章)

此词宋代时已有用例，如：父子也，兄弟也，天属之亲也。非其乖离之极，固不能轻以相弃，而夫妇、君臣之际又有杂出于情物事而不能自已者。以故虽或不尽其道，犹得以相牵联比合，而不至于尽坏。(《晦庵先生朱文公文集》卷八十一)《元语言词典》亦未收。

C

【茶饭】指饮食、饭菜。

孔子说："孝子没了父母时分，啼哭呵，无做作的声气；把礼呵，无妆饰的容颜；言语呵，无文谈；穿好衣服呵，不安稳；听乐声呵，不欢喜；吃茶饭呵，不美。"(《孝经直解》十八)

此义早见于唐代，如：蓝田县从八日至十五日设无碍茶饭，十方僧俗尽来吃。(《入唐求法巡礼行记》卷三)现代汉语沿用。《大词典》中此词所举的最早用例为《太平广记》卷三九引唐代卢肇《逸史·刘晏》："刘公渐与之熟，令妻子见拜之，同坐茶饭。"该句中茶饭是动词"吃喝"义，而作名词解的意思《大词典》未明确揭示，且所举《西游记》第六八回例属名词义，与属动词"吃喝"义的例子混为一谈。我们认为应补充"饭菜"义，分立动词、名词二义。

【城子】指州县。

朝廷的宫里、大城子里、小城子里以至村里，都立着这学房。(《直说大学要略》)

据宋代孟珙《蒙鞑备录》记载，"国王戒伴使曰：'凡好城子多住几日，有好酒与吃，好茶饭与吃，好笛儿、鼓儿吹着打着。'所说'好城子'，乃好州县也"。

D

【斗宝】比试宝物。

又如楚平王在临潼斗宝，用那贤人赢了诸国。（《直说大学要略》）

此词宋代已见：天后时，有士人过寺，见珠，戏而取之。天大热，至寺门易衣，以底裹珠，放金刚脚下，因忘收之。翼日，便往扬州收债，途次陈留，宿于旅邸。夜闻胡斗宝，摄衣从而视之。（《太平广记》卷四百二戴孚《广异记》）

【端正】使端正。

心是一身的主宰，若要修治自家一身，必先端正自家的心常在道理上，不可有些放肆，所以说"欲修其身者先正其心"。（《大学直解·经》）

此义唐代已见：端正其形，尽人臣之敬；虚谿心，虚竭匡谏之诚。既承高命，敢述所以耳。（《南华真经注疏》卷二）《大词典》漏收此义。

F

【妨误】耽误。

人君于那百姓须在农闲时役使他，不妨误了他的农务。（《中庸直解》第二十章）

宋代已见：如所议未合，乞朝廷取舍。臣方待罪，不敢久冒此职，妨误大事。（《续资治通鉴长编》卷一百三十一）元明时期用例又如：今若申明旧制，每岁正月，须要运司尽将据引给付提举司，随时派散，无得停留在库，多收分例，妨误造茶时月。如有过期，别行定罪。（《元史·食货志五》）我们推测此词可能是宋元时才出现的一个新词。

【放党】放荡。

不依本分，放党在上的人呵，便似没上下的一般有。（《孝经直解》十一）

《大词典》释为"犹结党"，漏收此义。《元语言词典》已收录。今作"放荡"。

H

【哄人】哄骗别人。

这等心不诚实，又哄人不过，有甚益处！（《大学直解》第六章）

我们推测此词可能是元代出现的一个新词。

J

【将去】下去。作动词补语。

孝顺父母、敬重哥哥的勾当都行到尽处呵，好的名听神明知道，四海都知道，那一处行不将去。（《孝经直解》十六）

我们推测此词可能是近代出现的一个新词。

【结语】结束语。

这一句只是个结语，上面别有阙文。（《大学直解》第五章）

宋代有用例，问："中庸两处说'天下之至诚'，而其结语一则曰'赞天地之化育'，一则曰'知天地之化育'。'赞'与'知'两字如何分？"（《朱子语类》卷六十四）我们推测此词可能是宋元时期出现的一个新词。

【叫做】称作。

这三句是《大学》一部书的纲领，所以叫做三纲领。（《大学直解·经》）

宋代已见：百滚油铛里，怂把心肝炸。遮个在其中，不寒亦不热。似则是似，是则未是。不唯遮个不寒热，那个也不寒热，咄！甚叫做遮个那个。（《苏轼集》卷九十九《十二时中偈》）

K

【苦虐】虐待。

汉高祖姓刘名邦，为秦始皇二世皇帝的时分好生没体例的勾当做来，苦虐百姓来，汉高祖与一般诸侯只为救百姓，起兵收服了秦家。（《经筵讲议·通鉴》）

唐代已见，例如，答言："圣者，昔二大臣遮不听入，更令余二诣佞大臣，王用其言，常行苦虐，令国人众不得安隐。"（《根本说一切有部毗奈耶》卷四十六）

L

【露出】显露出来。

这是说小人实有那不好的心在里面,便有那不好的形迹露出在外面,此君子所以重以为戒,必致谨于那心里独自知道的去处,而不敢自欺也。(《大学直解》第六章)

唐代已见:左司员外霍献可尝以头触玉阶,请杀狄仁杰、裴行本。行本,献可之舅也。既损额,以绿帛裹之幞头下,常令露出,冀则天见之。(《大唐新语》卷十二)

M

【谩人】瞒骗他人。

心若有些儿不正,便是昧了心,便是要去谩人。(《直说大学要略》)

唐代已见:时唱一声新水调,谩人道是采菱歌。(《看采菱》)

【蒙帱】覆盖。

"覆帱"是遮覆蒙帱。(《中庸直解》第三十章)

《元语言词典》亦未收。元以前文献中暂未见到"蒙帱"的用例。我们推测此词可能是元代才出现的一个新词。现代汉语已不用。

【名听】名声。

好的人有肯劝谏的伴当呵,身己上长有好的名听有。(《孝经直解》十五)

此词宋代已有用例,如:南使射生得中,名听甚远。可立一显名,今后唤作也力麻立。(《三朝北盟会编》卷四《茅斋自叙》)元代用例又如:咱每世上人,做男儿行呵,自己祖上名听休坏了。(《原本老乞大》)我们推测此词可能是宋元时才出现的一个新词,明以后罕见使用。

【慕外】羡慕身外之物。

子思说:君子素位而行,随其所寓都安居在平易的去处,一听候着天命,无有慕外的心。(《中庸直解》第十四章)

此词宋代已有用例,如:吾人之用心若果坦然明白,虽时下不净洁,终当有净洁时;虽不为人所知,终当有知时。若犹未免于慕外,虽声名赫然在,人心岂可欺哉?(《龙川集》卷十九)《元语言词典》亦未收。

Q

【取敛】聚敛。

财是百姓之心，多取敛钱财，必损着百姓。（《直说大学要略》）

此词唐代时已有用例，如：计数之吏日进，取敛之法日兴，田畴不辟而麦禾之赋日增，桑麻不加而布帛之价日贱。（《白氏长庆集》卷二十七）

S

【舍置】舍弃。

"措"是舍置的意思。（《中庸直解》第二十章）

此词宋代已有用例，如：井之用，以其水之养人也，无水则舍置不用矣。（《伊川程先生周易下经传》卷六）《元语言词典》亦未收。

【使钱】花钱。

大使钱的勾当休做着，小心依着法度行者。（《孝经直解》第三）

我们推测此词可能是宋元出现的一个新词，例如：臣以此不敢坐观，寻差官检计到官舍城门楼橹仓库二十七处，皆系大段隳坏，须至修完，共计使钱四万余贯，已具状闻奏。（《苏轼集》卷五十六《乞赐度牒修庙宇状》）如今浮梁刘官人，有三千引茶，又标致，又肯使钱。（《江州司马青衫泪》第二折）明代用例如：我见他如此撒漫使钱，道他家中必然富饶，故有嫁他之意。（《二刻拍案惊奇》卷十二）今天粤语仍有此说法。

【帅领】带领。

"尧舜"是自古两个圣君，"帅"是帅领，"桀纣"是两个无道的君。（《大学直解》第九章）

此词宋代已有用例，如：如京轻易徇情，岂可帅领一道！深虑因而生事。（《续资治通鉴长编》卷三百六十九）现代汉语一般只用"率领"。

【厮争】相争。

在上的人大模样的勾当不行，哏和顺，教得百姓每都无厮争的勾当有。（《孝经直解》第七）

【厮似】相似。

孟子道不爱杀人的心厮似，前贤曾说这道理来，只有汉高祖省得这道理来，汉家子孙四百年做皇帝。(《经筵讲议·通鉴》)

同期用例如：那里百姓每稀少，又兼那和尚每多半有妻子，与其余和尚每不厮似有。(《通制条格》卷二十九《河西僧差税》)

【厮随】相随。

雁大的、小的，厮随着成行飞呵，便自省得那兄弟的道理。(《直说大学要略》)

"厮"为近代汉语新词。《老朴集览·单字解》"厮"字条注云："又相也——厮见。"此义宋代已产生。在宋元时代比较常用，和"相"字在语音上有渊源；顾之川先生（2000）指出：明代"厮""相"既可单用，亦可连用。连用如孟称舜《娇红记》第三十一出"要盟"："这对轴头儿，两下相厮见，怎得个成双到老年。"同书第三十二出"红构"："我与你两心坚，拼今世，待来生，相厮并。"又作"厮相"。《娇红记》第三十三出"愧别"："这都是前生怨，即世冤，厮相遇。"我们发现《原本老乞大》中已有"厮相"：咱每结相识行呵，休说那你歹我好，朋友的面皮休教羞了。亲热和顺行呵，便是一个父母生来的弟兄一般，厮相待、厮顾盼（盼）着行。据太田辰夫先生研究，"厮×"在《红楼梦》中还不少，有"厮近、厮侵、厮闹、厮缠、厮见、厮混、厮认、厮叫"等，但全都用在叙述部分，表示到清代"厮"已经不是口语了。[①]

W

【畏怕】害怕。

"身有"的"身"字当作"心"字，"忿懥"是恼怒的意思，"恐惧"是畏怕的意思，"好乐"是欢喜的意思，"忧患"是愁虑的意思。(《大学直解》第七章)

《元语言词典》亦未收。此词大约唐代已产生，例如：鼠出恍获畏怕也，猫游安缓舒闲也。既伏隐处也，则出可伺之也，既窦厚垣深窖也，何地可空

---

① ［日］太田辰夫《中国语历史文法》，蒋绍愚、徐昌华译，北京大学出版社，2003，第263页。

之也。既出恍获畏怕也，掘摇之可怛之也。(《全唐文》卷六百八十二牛僧孺《谴猫》)元明时期的用例如：及议山后地，粘罕尚兀自说南朝四面被边，若无兵刀，怎能立国如此强大，尚有畏怕中国的意。(《大宋宣和遗事·亨集》引《宣和讲篇》)泰亦赤兀惕大声叫着说："只将你哥哥帖木真来，其余的人我不要。"因此帖木真畏怕，上马走入山林里去。(《元朝秘史》卷二)

《说文》："畏，恶也。""畏"有害怕，恐惧的意思，如《老子》第七十四章："民不畏死，奈何以死惧之。"《说文》："怕，无为也。从心，白声。"后来又产生"畏惧，害怕"义。如唐代刘商《胡笳十八拍》："遂令边雁转怕人。""畏、怕"二字同义连文，文献用例较少，现代汉语也不用。应是由于语素"畏"的构词能力急剧下降而引起词语的消失。

X

【修路】兴建道路。

如隋炀帝科天下数万人夫开河修路，栽花插柳，打造龙船。(《直说大学要略》)

此词大约唐代已产生，例如：将作监先清扫庙之内外，京兆府修路，从承天门向南至太府寺南街，向东入太庙三门，又向南，又向东至庙南门。(《通典·礼四十七》)《元语言词典》亦未收。现代汉语常用。

Y

【厌悔】厌恶后悔。

那刀鎗盔甲是征伐时所用的凶器，人所畏怕的，今乃视之如卧席一般，虽至于死而无厌悔之意，这便是北方之强。(《中庸直解》第十章)

此词唐朝时已有用例，如：前既达解时法，起行摄心故离忧等，谓行成遂志，舍离忧恼，时无空过，心无厌悔。(《华严经探玄记》卷十七《离世间品第三十三》[①])《元语言词典》亦未收。

【远远】较长距离地。

---

① 大藏经刊行会编:《大正新修大藏经》，台湾新文丰出版有限公司，1996年，第35册第423页。

曾子又说，人君见那无才德的恶人却不能黜退，虽知要黜退又不远远的迸诸四夷，不与同中国，这便是过失了。(《大学直解》第七章)

此词大约唐代已产生，例如：客棹深深过，人家远远移。(许昼《江南行》诗)

Z

【咱每】咱们。

卓立身己，行的好勾当，留得好名听，着后人知道呵，这般上头显得咱每父母名听有。(《孝经直解》第一)

此词当是元代出现的一个新词。《大词典》只收表第一人称单数意义，未收表复数义，当补。

【祗待】接待。

朝廷大官人每，好生祗待，休轻慢者。(《经筵讲议·帝范君德》)

敦煌变文中有许多"祗＋动词"构成的双音词，如"祗承""祗当""祗敌""祗对""祗供""祗候""祗拟""祗劝""祗揖"等，黄征先生认为这类"祗"都是"词缀"，已无"敬"义。[1]"祗待"也应该是同系列词中的一个，不过敦煌变文中没有见到。较早的用例见于唐代李绅《寿阳罢郡日，有诗十首，与追怀不殊，今编于后兼纪瑞物·肥河维舟阻冻祗待敕命》。汪维辉先生指出，此词"应是唐宋以后人语"。[2]字又作"秖待"[3]"支待"[4]。

【作歹】做坏事。

比着尧帝去征苗民，有苗民并驩兜作歹的人，将那已前歹的心都改正了，重新做个好人，却用做好勾当。(《直说大学要略》)

明以后一般不单用，作为"为非作歹"等成语的一个组成部分沿用到现

---

[1] 黄征、张涌泉校注《敦煌变文校注》，中华书局，1997，第405、579页。

[2] 汪维辉：《唐宋类书好改前代口语》，载汪维辉《汉语词汇史新探》，上海人民出版社，2007，第149–170页。

[3] 例如：忽遇客来，如何祗待？(《五灯会元》卷十三"鹿门处真禅师")。

[4] 例如：至末年赐亦渐疏，唯每月朔望日，各衙门大小堂上官，俱有支待酒馔，历文昭章三朝皆然。(《万历野获编》卷一"赐百官食")

代汉语中。

见于元代直解文献而《大词典》漏收的还有"远来、怨心、元有、大能、大于、于内、歹处、当着、德位、一着、把心、把礼、自谓、在病、在外、在下、至好、知有、拜郊、褒美、保辅、便如、做出、做贼、遵依、怎似、怎能、耻羞、臭秽、处在、存得、正如、乐声、意儿、易见、易于、义利、易生、对说、也者、修治、休道、休要、耳边、行仁、兴王、详至、向前、尽处、禁伏、敬天、久而、可化、可比、各处、先于、下至、无惑、广宣、未知、霜露、唤集、寄旺、通结、时时间、是处、视看、示以、生乱、见喜、身里、深水、起处、上至"等。

第二节　《大词典》缺乏书证的词条

王力先生《理想的字典》指出：辞书的词条缺乏书证"就不知道它们始见于何书，也就不知道它们是什么时代的产品，这是极艰难的工作，但是字典如果做不到这一点，决不能达到最高的理想"。可见书证的重要性。元代直解文献中的一些词语或义项虽被《大词典》收录，却没有举出任何例证，或者只举了一个自造例句。我们可以利用元代直解文献为《大词典》补充例证。此类词语共7条，如下（按音序排列）。

B

【豹子】即豹。

大虫豹子不吃他孩儿，便自省得那父子的道理。（《直说大学要略》）

此词早见于宋代，例如，唐曰：如别个寨栅，犹自通人来往。唯是杨么寨大段紧密，水泄不通，日逐离寨二十里，陆路使人巡逻，遇夜伏路，水路日夜使船巡绰，寨门外令群刀手把定。便大虫、豹子也则入去不得。（《金佗续编》卷二十六《百氏昭忠录》卷十）《大词典》当补例证。

【别人】另外的人。

孔子说："存着自家爱父母的心呵，也不肯将别人来小看有。存着自家敬

父母的心呵，也不肯将别人来欺负有。"（《孝经直解》第二）

据目前所知，此词始见于唐代，唐以前只说"他人 / 旁（傍）人"而不说"别人"。[①] 此词唐代用例如：十娘因在后，沉吟久不来。余问五嫂曰："十娘何处去，应有别人邀？"（《游仙窟》）埋向黄泉下，妻嫁别人用。（《王梵志诗·得钱自吃用》）奴婢换曹主，马即别人骑。（《有钱不造福》）两军中尉不肯，仍奏云："差别人去即得，然赵归真求仙之长，不合自去。"（《入唐求法巡礼行记》卷四）或对别人而说罪，或向大众而申敬，或被责而请忍，或受具而礼僧，皆同斯也。（《南海寄归内法传》卷三"师资之道"）"亡人所有谷食，尚遣入僧，况复众家豆粟，别人何合分用？""但神州之地，别人不得僧衣。并杂资具，平分受用，不属别人。"（《南海寄归内法传》卷四"受用僧衣"）

问曰：假有部曲若奴，杀别人部曲、奴婢一家三人，或肢解，依例有犯各准良人，合入十恶以否？（《唐律疏议》卷十七）敦煌文书中用例如：其儿庆德自出卖与后，永世一任令狐通道家，世世为主，不许别人论理。（《敦煌社会经济文献真迹释录》第二辑，"丙子年阿吴卖儿契"，斯3877号5V）中件若亲姻兄弟及别人诤论上件地者……（同上，"唐天复九年安力子卖地契"，斯3877号56V）其师姑亡化，万事并在大力，别人都不关心。（同上，第三辑，"唐景福二年二月押衙索大力状"，伯2814号）[②] 大约在宋代"别人"完成了对"他人 / 旁人"的替换。《大词典》只举了一个自造例句，当补文献书证。

　　G

【公私】公家和私人。

既思了，又要分明辨析以尽公私义利之真。（《中庸直解》第二十章）

此词早见于战国，如：公私之分明，则小人不疾贤，而不肖者不妒功。（《商君书·修权第十四》）《大词典》当补例证。

---

① 汪维辉：《东汉—隋常用词演变研究》，商务印书馆，2017，第58–65页。

② 转引自董志翘先生《〈入唐求法巡礼行记〉词汇研究》，中国社会科学出版社，2000年版。

H

【画布】在布上作画，以之为射箭的靶子。

"射"是射箭，射弽里面画布叫做"正"，栖皮叫做"鹄"。(《中庸直解》第十四章)

此词早见于东汉，如：夫画布为熊麋之象，名布为侯，礼贵意象，示义取名也。(《论衡·乱龙》)《大词典》当补例证。

N

【农闲】指冬季农事较少的时节。

人君于那百姓须在农闲时役使他，不妨误了他的农务。(《中庸直解》第二十章)

此词见于宋代，如：辛卯泸南安抚司言，泸州义军乞于冬十月农闲之际，各赴所属犒设，以便夷众。应逐县寨推排到新添义军职级人数，亦乞委自本司出帖收补。(《续资治通鉴长编》卷四百九十七)我们推测此词可能是宋元时才出现的一个新词。《大词典》收"农闲"，但缺乏书证，当补。

S

【射箭】用弓把箭射出去。

子思又引孔子之言说：射箭的人与那君子人相似。君子凡事正己而不求人；射箭的人若是不中那正鹄，只责自家射的不好，不怨尤他人，岂不有似君子乎？(《中庸直解》第十四章)

此词早见于西汉，如：趋以微磬之容，飘然翼然，肩状若流，足如射箭。(《新书·容经》)《大词典》当补例证。

X

【信号】用来传递消息或命令的光、电波、声音、动作等的统称。

诸侯每寻常将这火鼓为信号，才见擂鼓烧火，则道是贼来害幽王，诸侯每都来救。(《直说大学要略》)

此词早见于宋代，例如，曰："军中有谋为变者，以此为信号，从之者书其名于前。"(《建炎以来系年要录》卷二十一)《大词典》此义项下未举书证，当补。

第三节 《大词典》首引书证晚出的词条

由于《大词典》成于众人之手，又是当今规模最大、收词最多的汉语工具书，所以难免会在具体词条的书证中，对一些词语或词义的语源失考，以致所举书证时代较为滞后。直解文献可以在一定程度上弥补这一缺失，为其提前首引例证的时代。这类词语按《大词典》所举首见书证的时代可以分为三类。

一、《大词典》首引明代用例的词条见于元代直解文献者

B

【比先】从前。

比先晋文公做公子时出亡在外，以后文公的父献公薨逝了。(《大学直解》第十章)

王锳先生(2005)说，"因'比'有'往昔'义，故剧曲中往往与'先'连，共同表示'从前'的意思，即前人所谓'同义重言'(由同义词素构成的联合式合成词)。例如：《阴山破虏》剧三：'想北番胡寇无礼：比先有盟，不许犯边界；此胡虏今番侵边，当可剿除。'《大破蚩尤》剧二：'比先上古之时，蚩尤作乱，有轩辕氏破了蚩尤，罚在解州，到今有千百余年也。'"。宋代已见用例，如：比先学者唯见隐注宝诀，经云：玄阶与扶摇台在东北方癸。(《云笈七签》卷二十一)《大词典》此词所举的最早用例为明代《水浒传》中的用例，稍晚，应提前。

【不到】不周到。

若要推极本心的知识，又在穷究天下事物之理，直到那至极处，不可有一些不到，所以说"致知在格物"。(《大学直解·经》)

《大词典》以《水浒传》第四五回例子为首见书证，其实宋代二程语录中已出现，例如，或曰："己未能尽医者之术，或偏见不到，适足害事，奈何？"(《河南程氏遗书》卷十八)

C

【藏躲】躲藏。

"君子"是好的一样人，"厌然"是惶恐要藏躲的模样，"掩"是遮盖，"着"是显著。(《大学直解》第六章)

"藏躲"《大词典》所举的最早用例为明代《古今小说·史弘肇龙虎君臣会》中的用例，比直解晚了三百多年，应提前至元代。现代汉语也说"躲藏"。

"躲"又写作"趓"，如古本董解元《西厢记诸宫调》卷四中载，"红娘急趓过，曰：'死罪！死罪！'""躲"不见于宋以前文献，元代用例如，《大宋宣和遗事·元集》："后来陈近在夏后之世主也宠张丽华、孔贵嫔之色，沉湎淫逸，不理国事，被隋兵所追，无处躲藏，遂同二妃投入井中。"《新编五代史平话·梁史平话》卷上："天色正晡，且同入个树林中躲了，待晚西却行到那马家门首去。"这个宋代新出现的词"躲"有着极强的生命力，一直沿用至今。

【侈肆】奢侈恣肆。

"君子"是说有位的人，"大道"是修己治人的大道理，"忠"是发于己心而自尽，"信"是循于物理而无违，"骄"是矜高，"泰"是侈肆。(《大学直解》第十章)

此词早见于宋代，例如，有司谥曰"恭"，黄门侍郎刘泊曰：士及居家侈肆，不可谓"恭"，乃改曰"纵"。(《新唐书·宇文士及传》)此词《大词典》所举的最早用例为明代李东阳《周氏先墓表》中的用例，稍晚，应提前。

【此等】这种。

此等人虽有人形，便与禽兽一般了。(《直说大学要略》)

此词早见于中古，如：以此等文传授于臣。山神禁严，不得赍出，寻究经年，粗举网要。(《魏书·殷绍传》)《大词典》此词所举的最早用例为明代《二刻拍案惊奇》中的用例，稍晚，应提前。

【粗浅】浅显；不深奥。

"表"是外面，指道理易见处说；"里"是里面，指道理难见处说；"精"

是道理精妙的，"粗"是道理粗浅的。(《大学直解》第六章)

此词早见于中古，字作"麁浅"，如：贫道学业麁浅，弥惭简札，上酬谬略，惧尘盛藻。(《弘明集》卷十一)《大词典》此词所举的最早用例为明代谢榛《四溟诗话》中的用例，稍晚，应提前。

【粗疏】疏略；不精细。

诗人说卫武公德之存于心的，瑟然严密而不粗疏，僴然武毅而不怠弛，这便是"瑟兮僴兮"。(《大学直解》第三章)

"粗疏"已见于唐代："穆生性粗疏，恐不可信。有谭简者，用心精审，胜穆生远甚。"(《因话录》)《大词典》此词所举的最早用例为明代《古今小说·杨思温燕山逢故人》中的用例，稍晚，应提前。

【纯全】犹完全。

以成己言之，心德纯全，私欲净尽，这便是仁。(《中庸直解》第二十五章)

宋代二程语录中已出现，例如：气有善不善，性则无不善也。人之所以不知善者，气昏而塞之耳。孟子所以养气者，养之至则清明纯全，而昏塞之患去矣。(《河南程氏遗书》卷二十一下)《大词典》此词所举的最早用例为明代王守仁《传习录》中的用例，稍晚，应提前。

【错处】错误之处，不正确的地方。

这般不谏，则管顺着错处行呵，便是孩儿陷了父母也。怎生是孝有？(《孝经直解》十五)

此词早见于唐代，如：此摩咤罗最为年尊，可应先举。其摩咤罗便作是念："彼婆罗门子新学论成，恐难不得。今应捉彼错处。"(《根本说一切有部毗奈耶出家事》)《大词典》此词所举的最早用例为明代王守仁《传习录》中的用例，稍晚，应提前。

D

【打劫】抢劫。

如古时有个柳盗跖，专一要做贼打劫，吃人的心肝，也是一个昧心，不是那正心的人。(《直说大学要略》)

此词早见于唐代，例如：遂却继自家旗号，显其衾虎之名。引军打劫，直到石头店。《韩擒虎话本》，[1] 宋代用例如：八月九日，蛮贼五百余人打劫连州、桂阳县两村人户财物牛马不少。（《包孝肃奏议》卷十）我们推测此词可能是唐宋时期才出现的一个新词，一直沿用到现代汉语。《大词典》此词义下首引《京本通俗小说》的用例，过晚，应提前。

【待见】喜欢。

若做大臣的其心里容不得人，见个有才能的人便妒忌憎恶不待见他，见个美好通明的人与他便不相合，使不得进用，这等的人，是他卑污褊浅，着实无容人之量。（《大学直解》第十章）

《大词典》此词所举的最早用例为明代《金瓶梅词话》中的用例，稍晚，应提前。古代白话中"待见"一词用例又如关汉卿《智斩鲁斋郎》第一折："起初时性命也似爱他，如今两个眼里不待见他。"《红楼梦》第二十一回："难道图你舒服，叫他知道了，又不待见我呀！"而许衡《大学直解》中使用的此词，是目前我们所见到的最早的作为"喜欢、喜爱"之义而使用的例子，应当引起近代汉语研究者的注意。江蓝生先生在其《近代汉语探源·语词探源笔记选录》中对"不待见"一词作为"不喜欢、讨厌"之义加以考索，认为从历史资料来看，是先有"不待见""待见"的使用是比较晚近的事情。[2] "不待见"最初是"不愿见""不爱见"的意思，后来引申为"不喜欢""讨厌"的意思。但并未提到许衡的此条资料。

【地方】中央以下各级行政区划的统称。

子思说：如今天下一统，地方虽多，其车行的辙迹，广狭都一般。（《中庸直解》第二十八章）

《大词典》此词条的义项②所举的最早例证为明代唐顺之《与陆东湖锦衣都督》中的例句，过晚，应提前至元代。

【定向】目的，目标。

---

① 黄征、张涌泉校注《敦煌变文校注》，中华书局，1997，第301页。

② 江蓝生：《近代汉语探源·语词探源笔记选录》，商务印书馆，2000，第276–278页。

明德、新民都有个所当止的去处，人若是先晓得那所当止的去处，志便有个定向，无疑惑了，这便是"知止而后有定"。(《大学直解·经》)

此词宋代已有用例，如：知止至能得，盖才知所止，则志有定向。(《朱子语类》卷十四《大学一》)《大词典》此词所举的最早用例为明代王守仁《大学问》中的用例，稍晚，应提前。

【多咱】无论什么时候。

或看文书，评论古人是的不是的；或是眼前见的事，思量合做不合做的。这几般一件件分拣得是呵，便是格物。这般穷究了，多咱心里都理会得。(《直说大学要略》)

我们推测此词可能是元代才出现的一个新词。《大词典》此词所举的最早用例为明代《金瓶梅词话》中的用例，稍晚，应提前。"多咱"是"多早晚"的合音。[①]元代前后，"早晚"之前加用表示疑问的"多"形成"多早晚""多早晚"中的"早晚"又合音作"咱"。例中"多咱"的使用似乎透露给我们这样的信息，就是"多咱"的形成时间也许比通常认为的要早一些。"多早晚（咱）"，表任指的用法应该是由表询问的用法发展来的。《鲁斋遗书》成书于元代早期，其中有"多咱"用于任指的例证，似乎表明"早晚"合音为"咱"，即"多咱"形成的年代应该早在元代早期之前。此词在现代汉语许多方言中被保留下来，如河北省各地及济南、南京、哈尔滨、徐州等地都有此说法。(《现代汉语方言大词典》第1504页、《河北方言词汇编》)

东方版、中州古籍、吉林文史版《许衡集》在"多"后点断，以"多"字属上句[②]，割裂了"多咱"一词，标点有误。[③]中华书局版不误。

---

① 见《现代汉语词典》《汉语大字典》《金瓶梅方言俗语汇释》相关条目的注释。

② 见王成儒点校《许衡集》，东方出版社2007，第57页；淮建利，陈朝云点校《许衡集》，中州古籍出版社，2009，第58页；毛瑞方，谢辉，周少川校点《许衡集》，吉林文史出版社，2010，第36页。

③ 《湖南人文科技学院学报》2010年第1期发表的佟晓彤《许衡直解作品两种版本的差异比较》一文中引用到此段文字，其标点断句也如同这3个整理本。这些都是没有注意到"多咱"作为一个方言口语词的意义而产生的错误。

E

【恩谊】恩德情谊。

当祭之时，践履着先王祭祀的位，行着先王祭祀的礼，奏着先王祭祀的乐，诚意笃至，恭敬先王的祖考，恩谊周徧，慈爱先王的子孙臣庶。(《中庸直解》第十九章)

此词宋代已有用例，如：明清晚识遂初尤延之先生，一见倾盖，若平生欢，借举引重，恩谊非轻。(《挥麈录》卷三)此词《大词典》所举的最早用例为《醒世恒言·李玉英狱中讼冤》中的用例，稍晚，应提前。现代汉语基本不用。

F

【方才】方始。

曾子又说，女子嫁与人方才有人母之道，未有在家先学养子而后出嫁的道理。(《大学直解》第九章)

此词早见于宋代，如：郎君们岂不知契丹银绢，从初厮杀了数年后，因讲和，方才与了三十万。(《三朝北盟会编》卷十四《燕云奉使录》)《大词典》此词所举的最早用例为《明成化说唱词话丛刊·仁宗认母传》中的用例，稍晚，应提前。

【分开】使人或物不聚在一起。

大概论来，大学只是"明明德""新民""止于至善"，细分开却有八件。(《直说大学要略》)

此词早见于唐代，如：分开野色收新麦，惊断莺声摘嫩桑。(《献池州牧》)《汉语大词典》此词所举的最早用例为明代《金瓶梅词话》中的用例，稍晚，应提前。

G

【各色】各种各样。

"百工"是各色技艺。(《中庸直解》第二十章)

此词宋代已有用例，如：又有铙子、木梳、篦子、刷子、刷牙子、减装、墨洗、漱盂子、冠梳领抹针线与各色麻线、鞋面、领子、脚带、粉心、合粉、胭脂、胶纸、托叶、坠纸等物。(《梦粱录》卷十三)此词《大词典》所举的最早用例为《明成化说唱词话丛刊·张文贵传》中的用例,稍晚,应提前。

【过去】用在动词后,表示通过。

这几件的道理须索用自己心一件件体验过,依着行呵,便有益;若不用心体验,便似一场闲话也似,这般说过去了,便无益。(《直说大学要略》)

此词早见于五代,如:有一日,大师领大众出西墙下游行次,忽然野鸭子飞过去。(《祖堂集》卷十五《五泄和尚》)《大词典》首引《水浒传》第二一回中的用例,过晚,当提前。

H

【好处】优点长处。

爱的不合将那歹处也爱,嫌的不合将那好处也嫌。(《直说大学要略》)

《大词典》以明代王守仁《传习录》卷下为首见书证,其实二程语录中已出现:先生曰:"君实只为能受尽言,尽人忤逆终不怒,便是好处。"(《河南程氏遗书》卷十九)

【洪福】大福气;好福气。

官里一人的是呵,天下百姓都托着洪福里行有。(《孝经直解》第二)

此词已见于中古,例如:上干浮汉,下际幽泉,方须玉棹,事籍金船。踵兹洪福,为海舟梁,发心何远,彼岸犹长。天人觉悟,超投太康,所愿阎浮,同登净乡。(《全北齐文》卷九阙名《比丘僧道略等造神碑尊像铭》)《大词典》此词所举的最早用例为明代沈采《千金记·定谋》中的用例,稍晚,应提前。

【还报】报复。

天下皆这般地呵,那里有那相争还报的道理。(《直说大学要略》)

《大词典》此词义项④所举的最早用例为明代叶子奇《草木子·谈薮》中的用例,稍晚,应提前。

【昏蔽】犹蒙蔽。

武王作书告康叔说：人人皆有明德，都昏蔽了，独文王能明自家明德。（《大学直解》第一章）

此词早见于宋代，例如，曰："便是天之所命谓性者。人皆有此明德，但为物欲之所昏蔽，故暗塞尔。"（《朱子语类》卷十六《大学三》）《大词典》此词所举的最早用例为明代王守仁《传习录》中的用例，稍晚，应提前。

【昏昧】愚昧；糊涂。

德是人心都有，这德性虚灵不昧，因后来风俗变化，多有昏昧了处。（《直说大学要略》）

此词已见于宋代：人有此心，便知有此身。人昏昧不知有此心，便如人困睡不知有此身。（《朱子语类》卷一二《学六》）《大词典》此词所举的最早用例为明代方孝孺《答郑仲辩书》中的用例，稍晚，应提前。

J

【既是】连词，既然。

既是无法度的言语不说，无道理的勾当不行呵，但是口里说的、身上行的，不索拣择，却都是好有。（《孝经直解》第四）

此词早见于唐代，例如，县司不肯，乃云："当州未是极海之处。既是准敕递过，不敢停留。事须递到登州地极之处，方可上船归国者。"（《入唐求法巡礼行记》卷四）《大词典》此词所举的最早用例为明代《水浒传》中的用例，稍晚，应提前。

【将就】顺势；接近。

好处将就行者，歹处当着整理者。（《孝经直解》十七）

此词义早见于唐代，如：何止将就其美，苟成乎名，奚惜违理。幸承荐扬，得奉恩光。（《全唐文》卷九百五十八郑希稷《笛赋》）《大词典》此词义下所举的最早用例为明代郎瑛《七修类稿·天地一·岁月阳名》中的用例，稍晚，应提前。

【就是】就好像，正像。

圣人立天下之大本，其德静深有本，就是那渊水之不竭一般，故曰"渊

渊其渊"。圣人知天地之化育，其功用广大，就是那天之无穷一般，故日"浩浩其天"。(《中庸直解》第三十二章)

《大词典》首引《金瓶梅词话》第三五回中的用例，过晚，当提前。

K

【克治】谓克制私欲邪念。

"自修"是省察克治。(《大学直解》第三章)

此词宋代已有用例，如：既修而犹虑其未至，则又省察克治以终之，犹治玉石者，既琢而复磨之。(《朱子语类》卷十七《大学四》)《大词典》所举的最早用例为明代王守仁《传习录》中的用例，稍晚，应提前。

【坑坎】洼地，坑穴。

"陷阱"是掘的坑坎。(《中庸直解》第七章)

此词已见于东汉，例如：四十万之冤，度当一贤臣之痛；入坑坎之啼，度过拘囚之呼。(《论衡·变动》)《大词典》此词义项②所举的最早用例为明代《西游记》中的用例，稍晚，应提前。

【盔甲】古代战士的护身服装。盔，护头；甲，护身。多用金属制成，也有用藤或皮革做的。

"革"是盔甲之类。(《中庸直解》第十章)

"戎衣"是盔甲之类。(《中庸直解》第十八章)

此词《大词典》所举的最早用例为《水浒传》第三四回中的用例，稍晚，应提前至元代。元以前文献中未见到"盔甲"的用例。我们推测此词可能是元代才出现的一个新词。

头盔在宋前文献中称作"胄""首铠""兜鍪"或"头鍪"，用"盔"表示头盔始见于《董西厢》，例如：着绫幡做甲，把钵盂做头盔戴着顶上。(《董西厢》卷二)

朱熹的《中庸章句集注》对经书原文"革"及"戎衣"所做的注释是：革，甲胄之属。戎衣，甲胄之属。而元代直解文献用新词"盔甲"来解释，体现了鲜明的口语性。

L

【陆路】旱路；陆地通行的道路。对水路而言。

"舟"行水路。"车"行陆路。(《中庸直解》第三十一章)

此词早见于宋代，例如，唐曰：如别个寨栅，犹自通人来往。唯是杨么寨大段紧密，水泄不通，日逐离寨二十里，陆路使人巡逻，遇夜伏路，水路日夜使船巡绰，寨门外令群刀手把定。便大虫、豹子也则入去不得。(《金佗续编》卷二十六《百氏昭忠录》卷十)《大词典》此词所举的最早用例为明代徐弘祖《徐霞客游记·粤西游日记二》中的用例，稍晚，应提前。

M

【没事】没有事故或意外。

诸侯每来到见没事，知道幽王召咱每来只是要引得褒姒笑。(《直说大学要略》)

此词宋代已有用例，例如，伊川曰：孟厚初时说得也似，其后须没事生事。(《河南程氏外书》卷第十二)《大词典》此词所举的最早用例为《西游记》第五三回中的用例，稍晚，应提前。

【迷眩】迷失本性。

人君若能敬重辅弼大臣，则信任专一，小臣不得离间，临事自然无有迷眩。故曰"敬大臣则不眩"。(《中庸直解》第二十章)

此词宋代已有用例，如：熹年十三四时，受其说于先君，未通大义而先君弃诸孤。中间历访师友，以为未足，于是徧求古今诸儒之说，合而编之，诵习既久，益以迷眩。(《晦庵先生朱文公文集》卷七十五)此词《大词典》所举的最早用例为明代顾起元《客座赘语·猿妖》中的用例，稍晚，应提前。

P

【偏辟】偏邪不正。

"慎"是谨慎，"辟"是偏辟，"僻"字与刑戮的"戮"字同意。(《大学直解》第十章)

此词宋代已有用例，如：是心卓然立乎此数者之外，则平正而不偏辟。

自外来者必不能以动其中，自内出者必不至于溺于彼。(《朱子语类》卷十六《大学三》)《大词典》此词所举的最早用例为明代黄绾《明道编》中的用例，稍晚，应提前。

Q

【轻易】轻率，随便。

子思又说：虽居着天子之位，若无圣人之德，则是无制作之本，焉敢轻易作那礼乐？(《中庸直解》第二十八章)

此词早见于唐代，如：若把白衣轻易脱，却成青桂偶然攀。(《恩门致书远及山居因而献之》)《大词典》此词义下所举的最早用例为明《三国演义》中的用例，稍晚，应提前。

R

【人家】家庭。

孟献子说：养四匹马的人家是士初试为大夫的，他已有俸禄了，不当留心去养鸡豚。(《大学直解》第十章)

《大词典》以明代唐顺之《凤阳等处灾伤疏》的例子为首见书证，稍晚，其实在二程语录中已出现，正叔言："某家治丧，不用浮图。在洛，亦有一二人家化之，自不用释氏。"(《河南程氏遗书》卷十)

【日渐】一天一天慢慢地；逐渐。

君子之学为己，又善惟恐人知，其立心正是如此，故虽外面闇然无有文采可观，然美在于中，自然日渐章著于外而不可掩。小人有一善，惟恐人不知，故虽外面的然着见，然中无其实，不能继续，自然日渐至于消亡也。(《中庸直解》第三十三章)

此词义隋代已有用例，如：其根源初发，形候虽异，至于蒸成为病，大体略同，皆令人腰疼心满，虚乏无力，日渐羸瘦。(《诸病源候总论》卷十八)《大词典》此词义下所举的最早用例为明代《古今小说·木绵庵郑虎臣报冤》中的用例，稍晚，应提前。

S

【善于】谓在某方面擅长。

子思又说：下焉者，如孔子之圣，虽善于制礼，但不得尊居天子之位。（《中庸直解》第二十九章）

此词已见于中古，例如：其寺诸尼，帝城名德，善于开导，工谈义理，常入宫与太后说法。（《洛阳伽蓝记》卷一"胡统寺"）《大词典》此词所举的最早用例为明代《二刻拍案惊奇》中的用例，稍晚，应提前。

【收服】使投降归顺；制服。

汉高祖姓刘名邦，为秦始皇二世皇帝的时分好生没体例的勾当做来，苦虐百姓来，汉高祖与一般诸侯只为救百姓，起兵收服了秦家。（《经筵讲议·通鉴》）

此词宋代已有用例，例如，是月九日，奉旨：吴拱保奏，今年二月五日，金人攻汝州，我兵追赶过河。又二月二十四日，直来城下掩击，败走。及发兵深入，收服永安军并永宁、福昌、长水等县。（《文忠集》卷一百六十四）《大词典》此词所举的最早用例为明代《醒世恒言·独孤生归途闹梦》中的用例，稍晚，应提前。

【寿数】命中注定的岁数。

子思又引孔子之言说：人君有盛大之德，必然得天下至尊之位，必然得天下之至厚之禄，必然得美好的声名，必然得长远的寿数。（《中庸直解》第十七章）

此词宋代已有用例，例如，陈贵一问："人之寿数可以力移否？"曰："盖有之。"（《河南程氏遗书》卷二十二上）《大词典》此词所举的最早用例为明代《水浒传》中的用例，稍晚，应提前。

T

【体念】犹体谅。

第五件，当体念分理庶务的群臣。（《中庸直解》第二十章）

此词宋代已有用例，如：恭惟皇帝陛下体念臣工，惠绥畿服，训词至厚，蓋有三代之风。(《陵阳集》卷八)《大词典》此词所举的最早用例为明代李贽《韩成》中的用例,稍晚,应提前。

X

【先前】以前。

你受秦家苦虐多时也,我先前与一般的诸侯说,先到关中者王之。(《经筵讲议·通鉴》)

《大词典》此词所举的最早用例为明代《二刻拍案惊奇》中的用例,稍晚,应提前。

【贤臣】贤明的臣子。

孔子又说:人道敏政,所以人君为政,在乎得贤臣以为辅佐。(《中庸直解》第二十章)

此词上古已有用例,如:所谓贤臣者,能明法辟、治官职以戴其君者也。(《韩非子·忠孝》)《大词典》此词所举的最早用例为明代《东周列国志》中的用例,稍晚,应提前。

【相争】彼此争夺;争斗。

天下皆这般地呵,那里有那相争还报的道理。(《直说大学要略》)

此词西汉已有用例,如:三人同舍,二人相争。(《淮南子·诠言》)《大词典》此词所举的最早用例为明代王守仁《传习录》卷中的用例,稍晚,应提前。

【详细】周密完备。

"密"是详细。"察"是明辨。(《中庸直解》第三十一章)

此词唐代已有用例,如:兵发日,雷发我军中。天助神威兵大胜,若居彼上我军凶,详细辨雷轰。(《全唐诗续拾》卷三十七易静《兵要望江南·占雷第九》)此处的"详细"与《大词典》"详细"词条的义项②完全吻合,只是《汉语大词典》所举的最早用例为明代薛瑄《薛文清公从政录》的用例,稍晚,应提前。

【孝服】指为尊长服丧的时期。

则教持三年孝服，教百姓知人尽的时节。(《孝经直解》十八)

此词早见于唐代，如：若遇此妖多是火，不然孝服与兵争，祈谢得安宁。(《兵要望江南·占兽第二十》)《大词典》此词所举的最早用例为明代高明《琵琶记·风木余恨》中的用例，稍晚，应提前。

【信从】相信听从；信奉遵从。

王天下的君子行那议礼、制度、考文的事，必本于自家身上，先有其德，验于天下百姓，无不信从我所行的。(《中庸直解》第二十九章)

此词东汉已有用例，如：《尔雅》之书，五经之训故，儒者所共观察也，而不信从，更谓大星为景星，岂《尔雅》所言景星，与儒者之所说异哉？(《论衡·是应》)《大词典》此词所举的最早用例为明代《警世通言·金令史美婢酬秀童》中的用例，稍晚，应提前。

【兄长】哥哥。

为人君的能以事长之礼恭敬自家的兄长，则下面百姓也都兴起事长的弟心。(《大学直解》第十章)

此词早见于唐代，例如，赵璧曰："兄长有能干，家亡母未葬，小妹未嫁，自惟幼劣，生无所益，身自请死。"(《大唐新语》卷六)《大词典》此词所举的最早用例为明代《醒世恒言·三孝廉让产立高名》中的用例，稍晚，应提前。

Y

【厌斁】厌弃。

微子在他国，都无人怨恶他。来此周京，也无人厌斁他。(《中庸直解》第二十九章)

此词宋代已有用例，如：秋气方始，田可更种。神诚爱民，锡之开晴。积水时去，晚稼复蓺。则民报神之心不在俎豆，将世以奉承，毋有厌斁。尚飨。(《栾城集》卷二十六)《大词典》此词所举的最早用例为明代方孝孺《祭许士修》中的用例，稍晚，应提前。

【依顺】顺从。

再说毛诗:"圣人有大德行呵,四方都依顺有。"(《孝经直解》第八)

此词早见于唐代,例如,师古曰:"凡言鄂者,皆谓阻碍不依顺也,后字作愕,其义亦同。"(《汉书》卷六八颜师古注)《大词典》此词所举的最早用例为明代《初刻拍案惊奇》中的用例,稍晚,应提前。

【隐僻】冷僻,生僻。

孔子说:有等人深求隐僻之理,要知人之所不能知,过为诡异之行,要行人之所不能行。(《中庸直解》第十一章)

此词早见于唐代,如:又,旧例试杂文者,一诗一赋,或兼试讼论,而题目多为隐僻。(《封氏闻见记》卷三)《大词典》"隐僻"词条的义项②与此相同,但所举的最早例证是明末凌蒙初《二刻拍案惊奇》中的句子,故《大词典》中的最早例证应提前。

【愈加】更加,越发。

"伐冰之家"是卿大夫以上丧祭得用冰的,他俸禄愈加厚了,不当去养牛羊。这都是说做官的不当与民争利。(《大学直解》第十章)

此词中古已有用例,如:永明三年,会世祖使甲仗卫三厢,赤斧不敢辞,疾甚,数日卒,年五十六。家无储积,无绢为衾,上闻之,愈加惋惜。(《南齐书·萧赤斧传》)《大词典》此词所举的最早用例为明代李东阳《孟子直解》中的用例,稍晚,应提前。

Z

【遮覆】遮盖。

"覆帱"是遮覆蒙帱。(《中庸直解》第三十章)

《大词典》此词所举的最早用例为明代王守仁《传习录》中的用例,稍晚,应提前至元代。

【真是】确实是。

诗人又说:卫武公真是个有文章的君子,他德泽感人之深,人都仰慕他。(《大学直解》第三章)

此词东汉已有用例,例如,佛语王曰:"吾真是佛,世不虚传。"(《中本起经》卷下)《大词典》此词所举的最早用例为明代《醒世姻缘传》中的用例，稍晚，应提前。

【知识】指辨识事物的能力。

"知"是知识，乃用之发。(《中庸直解》第二十五章)

此词义早见于五代，如：纵饶黎庶无知识，不可公王尽信邪。(《鉴诫录》卷六《旌论衡》)《大词典》此词义项④所举的最早用例为明代焦竑《焦氏笔乘·读孟子》中的用例，稍晚，应提前。

【众盛】人物众多，气势盛大。

"盛"是众盛。(《中庸直解》第二十章)

此词中古已有用例，如：时陆逊为元帅，全琮与桓为左右督，各督三万人击休。休知见欺，当引军还，自负众盛，邀于一战。(《三国志·吴书·朱桓传》)《大词典》此词所举的最早用例为明代《东周列国志》中的用例，稍晚，应提前。

【专一】专门；一味。

如古时有个柳盗跖，专一要做贼打劫，吃人的心肝。也是一个昧心，不是那正心的人。(《直说大学要略》)

此词早见于唐代，如：人之情性皆愿贤己而疾不及人，至于学问则随情逐物，堕于事业，讵肯专一推求至理？莫不虚弃光阴，没齿无益。(《千金要方》卷二"妇人方")《大词典》首引《水浒传》第四十四回中的用例，过晚，当提前。《元语言词典》收录，仅举《元典章》一例，可补。

【撰造】撰著。

唐太宗是唐家哏好底皇帝，为教太子底上头，自己撰造这一件文书，说着做皇帝底体面。(《经筵讲议·帝范君德》)

此词宋代已有用例，如：豫初僭立，奔附者众，识者讥之云：浓磨一铤两铤墨，画出千年万年树。误得百鸟尽飞来，踏枝不着空飞去。轻薄子撰造诗曲，指为笑端，不可胜记。(《三朝北盟会编》卷一百八十一《炎兴下帙八十一》)此词《大词典》所举的最早用例为明代胡应麟《少室山房笔丛·经籍会通引》中的用例，稍晚，应提前。

【做主】负责，决定。

天生的好聪明的人出来，教与万民做主，又做师父。(《直说大学要略》)

此词宋代已有用例，例如，我道有一喻：一似人家盖一个房子，使椽柱瓦木盖的是好，却须是住房子底人做主，防水火盗贼，若不会照管，便倒塌了。(《三朝北盟会编》卷一百六十二《炎兴下帙》)《大词典》首引《水浒传》第四回中的用例，过晚，当提前。

二、《大词典》首引清代用例的词和词义见于元代直解文献者

B

【本子】指书的版本。

古人未有纸，用竹片写字，所以旧时传下的《大学》本子颇有简编差错处。(《大学直解》第一章)

此词早见于宋朝，如:《参同契》文章极好，盖后汉之能文者为之，读得亦不枉。其用字皆根据古书，非今人所能解，以故皆为人枉解。世间本子极多。(《朱子语类》卷一百二十五《老氏庄列》)《大词典》所举的最早用例为清代《二十年目睹之怪现状》中的例句，过晚，应提前。

C

【愁虑】忧愁。

"忧患"是愁虑的意思。(《大学直解》第七章)

此词西汉已有用例，如:不知道者，释其所已有，而求其所未得也。苦心愁虑以行曲，故福至则喜，祸至则怖。(《淮南子·诠言》)《大词典》收录解做此义的"愁虑"词条，但最早例证举的是陈端生写作于清代中叶的《再生缘》，过晚，应提前至元代初年。

【初起】最初；起先。

"终"是临了，"始"是初起。(《大学直解·经》)

此处的"初起"与《大词典》"初起"词条的义项②完全吻合，只是《大词典》该义项下所举的最早书证为清代《老残游记》第四回中的用例，过晚，应提前至元代。现代崇明方言还有"初起头"的说法。[①]

元代直解文献中又有同义词"起初"，例如：

这孝道的勾当，在起初时，在意扶侍父母；中间里，在意扶侍官里。（《孝经直解》第一）

此词金代已产生，如：爰念有宋航海遣使，起初结好，请复幽、燕旧地，实时割与。（《大金吊伐录》卷一《次事目札子》）现代汉语沿用。

【慈心】慈悲之心。

为人君的能哀矜那孤幼的人，则下面百姓也都兴起其慈心爱恤孤幼，不肯违背了。（《大学直解》第十章）

此词中古已有用例，如：僧中有一大德沙门名达摩瞿谛，其国人民皆共宗仰，住一石室中。四十许年，常行慈心。能感蛇鼠，使同止一室而不相害。（《法显传》）《大词典》所举的最早用例为清代梅曾亮《鲍母谢孺人家传》中的例句，过晚，应提前。

D

【当做】当成。

《楚书》说，王孙围聘于晋，晋赵简子问楚国之宝何在，王孙围说："我楚国不以金玉为宝，只是有德的善人便当做宝。"（《大学直解》第十章）

我们推测此词可能是元代才出现的一个新词。《大词典》所举的最早用例为清代《二十年目睹之怪现状》中的例句，过晚，应提前至元代。

【地步】程度，境地。

诚之是未能真实无妄，要用力到那真实无妄的地步，人事当得如此，这便是人之道也。（《中庸直解》第二十章）

此词义早见于宋朝，如：此三句乃以效言，非指用功地步也。（《朱子语

---

① 李荣主编《现代汉语方言大词典》，江苏教育出版社2002年版，第1930页。

类》卷三十五《论语十七》)此处的"地步"应解释为"程度，境地"，这与《大词典》"地步"词条的义项④完全吻合。只是《大词典》所举的最早用例为清代李渔《比目鱼·耳热》中的用例，过晚，应提前。

F

【房屋】房子。

人若富足呵，房屋便妆饰得鲜美；人若有德呵，体便发见得润泽。(《大学直解》第六章)

此词中古已有用例，如：尔时王舍城，频婆娑罗王，为佛造作浮屠僧房。有一长者，亦欲为佛做好房屋，不能得地，便于如来经行之处，造一讲堂，堂开四门。后时命终，生于天上。(《杂宝藏经》卷五①)《大词典》所举的最早书证为清代《红楼梦》的用例，过晚，应提前。据丁喜霞先生(2006)研究，"至迟在元代口语化较强的文献中，房屋已经取代了房室、屋室、室屋诸词"。②

G

【各人】各个人。

执柯伐柯固有彼此之不同，若是以人治人，则为人的道理都在各人身上。(《中庸直解》第十三章)

此词宋代已有用例，如：太祖逐人赐地一方，盖第，所费皆数万。又尝赐宴，酒酣，乃宣各人子弟一人扶归。(《河南程氏遗书》卷二十二)《大词典》所举的最早用例为清代李渔《怜香伴·女校》中的例句，过晚，应提前。

H

【回说】答复；回答。

孔子回说："天地内人最贵有，人的勾当都无大似孝的事。"(《孝经直解》第九)

此处的"回说"与《大词典》"回说"词条的义项②完全吻合，只是《大

---

① 大藏经刊行会编：《大正新修大藏经》，台湾新文丰出版有限公司，1996年，第4册第475页。

② 丁喜霞：《中古常用并列双音词的成词和演变研究》，语文出版社，2006，第263页。

词典》所举的最早用例为清代《二十年目睹之怪现状》第八回的用例，稍晚，应提前。我们推测此词是元代才出现的一个新词。

【后头】后来。

后头到夏、商、周三代，这教人的法度渐渐的完备了。(《直说大学要略》)

此词义五代已产生，例如，师举似长庆，长庆云："前头两则也有道理，后头无主在。"(《祖堂集》卷七《雪峰和尚》)《大词典》所举的最早用例为清代《红楼梦》中的例句，过晚，应提前。

J

【记纂】记录编辑。

后面解说经文的十章乃是曾子平日的意思，他门人弟子记纂的。(《大学直解》第一章)

此词早见于宋朝，如：余来石塘，猝见君手抄所论著，属辞辨丽，于经传子史，各有记纂。(《后村集》卷一百六十)《大词典》首引清末田北湖《论文章源流》中的用例，过晚，当提前。

【窘困】窘迫困难。

凡事物先立乎诚，件件曾理会过，自然临时做得彻，不至于窘困。(《中庸直解》第二十章)

此词中古已有用例，如：大军攻克东阳，聪徙入平城，与蒋少游为云中兵户，窘困无所不至。(《魏书·高聪传》)《大词典》所举的最早书证为清代刘大櫆《赠方抱之序》的用例，过晚，应提前。

K

【克尽】竭尽；尽到。

悌为事兄之道。所责乎弟者，欲其悌于我，反求乎我之所以事兄者，却未能克尽其悌。(《中庸直解》第十三章)

此词唐代已有用例，如：我公神之而露其梦，于是迎入府之别亭，磨莹雕饰，克尽其妙，朝夕瞻拜，时不之怠。(《黄御史集》卷五)《大词典》所举的最早书证为清代《太平天国文书汇编·天历每四十年一斡旋诏》的用例，过晚，应提前。

N

【南边】南面。

周王信用尹氏，致得天下乱了。所以诗人托物起兴说道：望着南边的山截然高大，山上的石头也岩岩的堆着。(《大学直解》第十章)

此词唐代已有用例，如：太和二年四月十四日书于小窟中安置七佛像。当窟户有一堂，堂南边有一小庵室，于堂下有二屋。(《入唐求法巡礼行记》卷三)此处的"南边"与《大词典》"南边"词条的义项②完全吻合，只是《大词典》所举的最早用例为《儿女英雄传》第六回的用例，稍晚，应提前。

R

【容人】谓待人宽厚。

这等的人，是他卑污褊浅，着实无容人之量。(《大学直解》第十章)

先秦已见，如：不能容人者无亲，无亲者尽人。(《庄子·庚桑楚》)《大词典》所举的最早用例为清代《红楼梦》中的例句，过晚，应提前。

S

【少有】罕见。

人人为善，自然少有过失，故曰"其寡过矣乎"。(《中庸直解》第二十九章)

此词中古已有用例，如：既阙可疑，又慎言所不疑，能如此者，则生平之言少有过失也。(《论语义疏》卷一)《大词典》所举的最早用例为清代《红楼梦》中的例句，过晚，应提前。

【上去】由一处趋于某处或由低处到高处。

辟如登高一般，要到那高处，必须从下面上去，方可到得。(《中庸直解》第十五章)

此词中古已有用例，例如，鸟亦知人不见，便鸣唤曰："咄咄！上去！"明日便宜急上。(《搜神记》卷十二)《大词典》所举的最早用例为清代《儿女英雄传》中的例句，过晚，应提前。

T

【推致】推向。

人心本自广大，君子不以一毫私意自蔽，以推致吾心之广大。（《中庸直解》第二十七章）

此词早见于唐代，如：闲者昧于藩身，推致危地，始以飞谤生衅，终成公议抵刑。（《刘梦得文集》卷十四）《大词典》所举的最早用例为清代王夫之《张子正蒙注·诚明》中的例句，过晚，应提前。

X

【心德】指人的意识与性情。

以成己言之，心德纯全，私欲净尽，这便是仁。（《中庸直解》第二十五章）

此词早见于宋代，例如，或问：《里仁》一篇自首至"观过斯知仁矣"都是说仁，里仁为美是指言仁厚之俗，观过斯知仁是指言慈爱底仁，其他则皆就心德上说。（《朱子语类》卷二十六《论语八》）《大词典》所举的最早书证为清代王夫之《张子正蒙注·参两》中的用例，过晚，应提前。

【学房】学校。

朝廷的宫里、大城子里、小城子里以至村里，都立着这学房。（《直说大学要略》）

此词也见于同期文献，例如，嵬嵬进曰：民有千金之产，犹设家塾延馆客，岂有堂堂天朝，富有四海，一学房乃不能容耶？（《元史·嵬嵬传》）《大词典》所举的最早书证为清代《红楼梦》的用例，过晚，应提前至元代。

Z

【指出】指点出。

曾子指出这五件来示人，要人把文王做个样子去学他。（《大学直解》第三章）

此词五代已有用例，例如，游子问曰："曾闻前两篇中俱明能证之人、所证之法，乃至随缘行人，各各有名，此篇中还有能证、所证及随缘行人名耶？请为指出。"(《祖堂集》卷二十《五冠山瑞云寺和尚》)《大词典》所举的最早用例为清代叶廷琯《吹网录·石林诗话》中的例句，过晚，应提前。

【质证】核实验证。

王天下之君子，将那议礼、制度、考文之事，质证于鬼神，与鬼神之理相合而无所疑，是能于天之理无不知矣。(《中庸直解》第二十九章)

此词五代已有用例，如：每入阁，左右史执笔立于螭头之下。宰相奏事，得以备录。宰臣既退，上召左右史，更质证所奏是非，故开成政事详于史氏。(《旧唐书·张延赏传附弘靖子次宗传》)此处的"质证"与《大词典》"质证"词条的义项④完全吻合，只是《大词典》所举的最早用例为清代阮葵生《茶余客话》卷五的用例，稍晚，应提前。现代汉语中此词词义缩小，专指"在诉讼中，在法庭上对证人证言进一步提出问题，要求证人做进一步的陈述，以解除疑义，确认证言的证明作用"[①]。

【主宰】居支配地位者。

孔子道："修身在正心，心是一身的主宰。"(《直说大学要略》)

此词早见于五代，例如，又云：自心是佛，照用属菩萨。自心是主宰，照用属客。(《宗镜录》卷九十八)《大词典》首引《老残游记》第十一回中的用例，过晚，当提前。

三、《大词典》首引清代以后作品用例的词条见于元代直解文献者

K

【快速】速度快，迅速。

孔子又告哀公说：以人立政易于兴举，譬如以地种树易于发生，甚是快速。(《中庸直解》第二十章)

---

① 中国社会科学院语言研究所词典编辑室：《现代汉语词典》(第7版)，商务印书馆，2016年，第1690页。

此词早见于唐朝，如：延安君则快速不滞，若悬流得势；三原君则婉媚巧密，似垂杨应律。(《全唐文》卷四百四十七窦臮《述书赋》)《大词典》首引李准《李双双小传》中的用例，过晚，当提前。

X

【闲住】泛指离职闲居。

仲尼是孔夫子的表德，居是孔子闲住的时分。(《孝经直解》第一)

此词早见于唐朝，例如，报言："具寿，施主在门檐食辛苦，汝今无事闲住房中，宜可急行，受其施食。"(《根本说一切有部苾刍尼毗奈耶》)《大词典》首引鲁迅《书信集·致翟永坤》中的用例，过晚，当提前。

【显出】显露出来。

曾子又说，小人在没人处干了不好的事，及至见了君子的人，却心里惶恐，左遮右盖，要掩他不好的事，显出他好的事来。(《大学直解》第六章)

此词早见于中古，如：故世争则毁誉交错，优劣不分，难得而让也。时让则贤智显出，能否之美历历相次，不可得而乱也。(《全晋文》卷三十九刘寔《崇让论》)《大词典》首引鲁迅《呐喊·白光》中的用例，过晚，当提前。

据我们统计，上述《大词典》首引书证晚出的词语中，元代才出现的新词新义共10个（回说、当做、盔甲、多咱、学房、遮覆、就是、还报、藏躲、地方）。这也可看出元代直解文献的语料价值之高。

第四节　《汉语大词典》未探流及用例不当的词条

一、未探流

按源流并重的编写原则，《大词典》对所收词语应尽量探流，即找到该词语或词义的最晚出现的例证。而我们发现许多见于直解的词语在《大词典》所举书证的下限都过早。如：

【表仪】表率，仪范。

人君若能修治自家的身子，则道成于己，自然做的百官每的表仪。故曰"修身则道立"。（《中庸直解》第二十章）

《大词典》引例为《鹖冠子·学问》、唐代陆龟蒙《幽居赋》，未探流，可补充直解中的例子。

【把做】当作。

明善、诚身这两件在初学用之尤是至切要的急务，读这书的不可把做浅近忽略看过，须知成己成物为圣为贤皆自此始。（《大学直解》）

清末仍有用例，如：我也不忍再看，回头逃走只得仍从原路回到客栈，一路走来无非是死尸垫地，经过一处看见十米个日本兵，捉了许多逃难人把那辫子打了一个总结，他便慢慢地把做枪靶子打。（《旅顺落难记》[①]）《大词典》所引两条例证都是出自宋词的，未探流。故该词条的最晚书证应补充至清末。到现代汉语此词已经消亡。

二、用例不当

"用例不当"指的是《大词典》所引用的某些例证的时代有问题。用例不当，一方面不能正确反映该词语的产生、发展和变化的过程；另一方面也会给辞书的使用者传达错误的信息。笔者利用《大词典》查阅元代直解文献中的词语，发现有些见于元代直解文献的词语或义项的首引例均用到了《京本通俗小说》（以下简称《京本》）中的用例，如"不索、打劫、好处、时分、一些、逐一"等。《京本》是1915年由缪荃孙影刻的，缪荃孙自称其为"影元人写本"，但研究者已经考证其为伪托[②]，它是根据《警世通言》和《醒世恒言》编造的话本小说，其确切的刊刻年代应为明代。既然是伪书，其中的用例就不能作为宋代（或元代）语料。"如果把它的用例安排在元代的用例之前，就

---

① 阿英：《中日战争文学集》，北新书局，1948，第301页。

② 马幼垣、马泰来：《京本通俗小说各篇的年代及其真伪问题》《清华学报》1965年新5卷第1期，第14–32页；苏兴：《京本通俗小说辨疑》《文物》1978年第3期，第71–75页；蒋绍愚：《近代汉语研究概要》，北京大学出版社，2005，第19页。

会给读者传达错误的信息 :《京本》的时间早于或同于元代。"[1] 故此我们认为，即使《大词典》解释这些词语要引用《京本》的例证，也只能安排在元代例证之后。

【时分】时候。

再说毛诗："早起的时分、晚睡的时分，常常寻思，休教辱末了父母着。"（《孝经直解》第五）

此词早见于金代，例如：牛羊入圈为（围）时分，李三翁与先生相从。（《刘知远诸宫调·知远走慕家庄沙佗村入舍弟一》）傥或明日见他时分，把可憎的媚脸儿饱看了一顿，便做受了这恓惶也正本。（《西厢记诸宫调》卷一）我们推测此词是宋金时期才出现的一个新词，一直沿用到现代汉语。《大词典》此词义下引例为《京本》中的《错斩崔宁》及元代杨梓《敬德不服老》第一折等，未溯源，且将《京本》的例证安排在元代例证之前，不当。

《大词典》中还有些见于直解的词语的首引例或义项的首引例均用到了《清平山堂话本》中的用例，如"哥哥、这等"等。《清平山堂话本》由明人洪楩编刊，收白话小说29篇，经考证，有 3 篇为明人作品，其余是宋元旧本，但在不同程度上经过明人删改。[2] 所以我们认为，如无必要，应避免用《清平山堂话本》的例证，

【这等】这样。

如今若有那时这等的君臣，则文王、武王的政事便都兴举了。（《中庸直解》第二十章）

我们推测此词是元代才出现的一个新词。[3]《大词典》此词所举的最早用例为明代洪楩《清平山堂话本·快嘴李翠莲记》中的用例，不当，可改用元代直解例证。

---

[1]　周文:《〈全相平话五种〉语词研究》，浙江大学，2006年。

[2]　参见李文泽《宋代语言研究》，线装书局2001年版，第10页。

[3]　中古文献偶见"遮等"，如："庚虽笃疾，谓必得治力，岂图凶问奄至，痛惋情深。半年之中，祸毒至此，寻念相摧，不能已。况弟情何可任，遮等荼毒备尽，当何可忍视，言之酸心。奈何、奈何！可怀君怀。"（《杂帖》）

第五章

元代直解文献词汇研究与古籍整理

第一节　校录问题

今人对元代直解文献的校录存在的问题主要包括脱文和误录。另外，今人的校录中还有误合二字为一字的现象，如"教君王见喜"误作"教君现喜"（《近代汉语语法资料汇编·元代明代卷》第15页第2行。）；误倒现象，如"楚平王在临潼斗宝"误作"楚平王在临潼宝斗"（《近代汉语语法资料汇编·元代明代卷》第16页第4行。）。因为不多见，本书不拟详述。

《近代汉语语法资料汇编·元代明代卷》（以下简称为《汇编》）为研究近代汉语语法的最重要的语料之一，收录的元代直解文献有吴澄的《经筵讲议》和贯云石的《孝经直解》以及许衡的《大学直解》《直说大学要略》。该书在文字校录上仍存在一些疏漏，包括脱文、误录等。

一、脱文

脱文是指文献在流传过程中出现的文字脱漏，亦称"夺文"。校脱文也是校勘的一项重要内容。

（1）《汇编》所收许衡《直说大学要略》中有下面一段：

人受五行之气成人，天与人的仁、义、礼、智、信。仁是温和慈爱，得天地生万物的道理；信是老实不说谎的道理。这五件虽是天与人的德性，一个个人都有，人人各有禀受不同。（《汇编》，第11页第13行—第12页第1行）

在第一句中言及"仁、义、礼、智、信"，第三句再次提及"这五件"，但在第二句中只有对"仁"与"信"的解说，却没有对"义、礼、智"的解说，可疑。查文渊阁《四库全书》的原文如下（中括号内是《汇编》的脱文，下同）：

人受五行之气成人，天与人的仁、义、礼、智、信。仁是温和慈爱，得天地生万物的道理；[义是决断事物，不教过去，不教赶不上，都是合宜的道理；礼是把体面敬重为长的道理；智是分辨是非的道理；]信是老实不说谎的道理。这五件虽是天与人的德性，一个个人都有，人人各有禀受不同。（四库全书本《鲁斋遗书》卷三）

（2）《汇编》所收许衡《直说大学要略》中有：

襃姒每常不好笑，幽王要襃姒笑，却去烟火台上擂鼓烧火。诸侯每都来，襃姒见了大笑。诸侯每来到见没事，知道幽王召咱每来只是要引得襃姒笑。（《汇编》，第16页第11—12行）

第一句与第二句的连接关系较为自然，我们乍一看尚不能注意到在这一部分中有脱文。但四库全书的原文如下：

襃姒每常不好笑，幽王要襃姒笑，却去烟火台上擂鼓烧火。[诸侯每寻常将这火鼓为信号，才见擂鼓烧火，则道寇贼来害幽王，诸侯每都来救。幽王平白地擂鼓烧火，]诸侯每都来，襃姒见了大笑。诸侯每来到见没事，知道幽王召咱每来只是要引得襃姒笑。（四库全书本《鲁斋遗书》卷三）

（3）《汇编》所收许衡《大学直解》中《大学》传八章"故好而知其恶，恶而知其美者，天下鲜矣"的直解如下：

"鲜"字解做"少"字，这是承上文说。人若偏于所恶，虽其人有可好的美也不知了。若于其所好的人却能知其恶，于其所恶的人却能知其美，这等好恶不偏的人天下不可多得，所以说"天下鲜矣"。（《汇编》，32页第4—6行）

上文中仅有对"恶而知其美"的解说，却没有对"好而知其恶"这一句的解说。《四库全书》的原文如下：

"鲜"字解做"少"字，这是承上文说：（人若偏于所好，虽其人有可恶的恶也不知了。）若偏于所恶，虽其人有可好的美也不知了。若于其所好的人却能知其恶，于其所恶的人却能知其美，这等好恶不偏的人天下不可多得，所

以说"天下鲜矣"。（四库全书本《鲁斋遗书》卷四）

（4）《汇编》所收许衡《大学直解》《大学》传九章"诗云：'桃之夭夭，其叶蓁蓁，之子于归，宜其家人。'"（《汇编》第35页，第8–11行）与"诗云：'其仪不忒，正是四国。'"（《汇编》第35页，第12–16行）两段之间，原文实际上还有一段，如下：

［诗云："宜兄宜弟。"宜兄宜弟，而后可以教国人。诗是《小雅·蓼萧篇》。这一句诗说：人能于一家之中既善事其兄，又善抚其弟。曾子引之而言：国之本在家，能善处其兄弟，使一家长幼和睦，则一国之人自然观感而化。所以说"宜兄宜弟，而后可以教国人"。］（四库全书本《鲁斋遗书》卷四）

相信以上脱文均是校录人的无意之过，但由此我们可以看出脱文产生的一个原因：即在抄录过程中，在一页之中倘有类似的词或句子在前后均出现时，抄录者的视点很容易从前文移至后文。比如在《直说大学要略》《大学直解》中的脱文引起错误的成分为"A是B的道理""诸侯每""人若偏于所×"和"诗云"。

（5）《汇编》所收吴澄《经筵讲议·通鉴》也有一例脱文：

汉高祖的心只为救百姓，非贪富贵来。

查文渊阁《四库全书》的原文如下：

汉高祖的心只为救百姓，非［为］贪富贵来。

二、甲乙二字音义不同，因形近误将甲字认作乙字

先举一个因形近而误录的例子。《汇编》第47页：

非威武仁德，这田地国土怎生肯来归附？非慈爱忠厚的心，百姓怎生感戴？（《经筵讲议·帝范君德》）

按：《汇编》所用底本《四库全书》本上句确实用"这"字，但我们检《元人文集珍本丛刊》第四册所收明成化二十年（1525年）刊四十九卷本《临川吴文正公集》（简称成化本）卷四十四，发现上句中的"这"字作"远"。我们认为《汇编》（包括《四库全书》本）录文可能是因形近而误，当从成化本

作"远田地国土怎生肯来归附"①。理由是：

一者，此句是对唐太宗《帝范》原文的口语翻译，而《帝范》原文相应的一句为："非威德无以致远，非慈厚无以怀人。"翻译作"非威武仁德，远田地国土怎生肯来归附？非慈爱忠厚的心，百姓怎生感戴"显得更加准确。

再者，"远田地"作为元代汉语的一个固定说法在文献中屡见不鲜，例如：

官里根底敬爱，远田地里去呵，心里也有。既是心里有呵，不拣几时忘不了。（《孝经直解》十七）

按察司里勾当的人每，都是别个城子里、远田地里迁转将来的人每有，壹年家与俸钱呵，生受的一般。（《通制条格》卷十三《俸禄职田》）

在先那般赌博的根底拿着呵，交远田地里去种田者。么道，圣旨有来。（《元典章·刑部》卷十九《抹牌赌博断例》）

以上"远田地"均为边远地方之意。

因此，我们认为《经筵讲议》句中的"这"字应改为"远"。

三、甲乙二字音义相关，因不明字形的时代性误将甲字认作乙字

由于元代直解文献的文字多有简体字形和俗字，容易产生校录错误。

（一）繁简字形的错误

《孝经直解》元刻本繁简字形混杂，刊刻较为草率，其间俗字、讹字满眼皆是，《汇编》在文字校录上仍有有待改进的地方，最明显的是常常把元版的简体字形（包括异体字）录作繁体字②，例如：

（1）《汇编》第51页：

---

① 《儒藏》（精华编）二四六册《吴文正集》校点本亦作"这"字，未能改正，北京大学出版社2018年版，第1226页。

② 《汇编》的《编校说明》称："这类字词，校录时一律不加改动。"而《孝经直解》的录文有未改者，如：这般呵，天下都太平，百姓每无灾难有。（第53页）也多有改动之处。

为这般上头呵，無法度的言語休說，無道理的勾當不行有。

按：元版后一个"無"作简体的"无"。《说文·亾部》："無，亡也。从亡無聲。奇字无也。通於元者，虛无道也。王育說：'天屈西北為無'。"据《说文》，"无"是"無"的古文奇字。

（2）《汇编》第52页：

這忠順的勾當不落後了呵，能勾得自家的名分，守得自家祖先祭奠禮有。

《汇编》第53页：

教的有禮數，厮擡舉呵，百姓每自和睦有。

《汇编》第55页：

祭奠呵，把禮嚴謹的心有着。

《汇编》第56页：

禮的是敬重的勾當。

好的君子人教人有禮呵，是百姓每父母一般。

《汇编》第59页：

把禮呵，无粧飾的容顔。

家裏安排着家廟，似鬼神的禮一般祭奠者。

按：以上"禮"字元版作简体的"礼"。《说文·示部》："禮，履也。所以事神致福也。从示从豊，豊亦聲。礼，古文禮。"靈啓切。《汉语大字典·示部》："礼，同禮。"《集韵·荠韵》："禮，古作礼。"在元版《孝经直解》中，"禮"从古写作"礼"。现代汉语简化字采用了这一从古写法。

（3）《汇编》第53页：

在上的人先行孝道呵，百姓學着，父母根底也不肯教落後了。

《汇编》第55页：

做好的事，着人學着。

把這勾當近着百姓，又着怕者、愛者、學者。

按：以上"學"字元版作俗字"斈"。俗字"斈"六朝时已见，唐宋以后仍沿用不绝。唐代苏鹗《苏氏演义》卷上："只如田夫民为农，百念为忧，更生为苏，两只为双，神虫为蚕，明王为圣，不见为觅，美色为艳，口王为国，文字（子）为学，如此之字，皆后魏流俗所撰，学者之所不用。"宋代孙逢吉《职官分纪》卷一五引韦述《集贤记注》载开元十九年集贤院四库书中古代书："齐、周书纸墨亦劣，或用后魏时字，自反为归，文子为字，欠话加点，应三反四，又无当时名辈书记。"两书中提到"文字为学""文子为字"皆应作"文子为学"，即"孝"字。宋祁《宋景文公笔记》卷中也说："后魏北齐时，里俗作伪字最多，如巧言为辩，文子为学之比。"明代小说中亦有之，如明刻本《清平山堂话本·西湖三塔记》："又一个叔叔，出家在龙虎山孝道。"《汉语大字典·文部》："'孝'，同'學'。""學"在元版《孝经直解》中均写作"孝"。

（4）《汇编》第58页：

孝順父母、敬重哥哥的勾當都行到盡處呵，好的名聽神明知道，四海都知道，那一處行不將去。

按：以上"處"字元版作"处"。《说文·几部》："处，止也。得几而止。从几从夂。處，或从虍聲。"昌與切。《玉篇·几部》："处，與處同。""处"本身是会意字，许慎"或从虍声"意即在当时还有以形声的方式造出的另一个字"處"，是在会意字"处"的基础上加上声符"虍"后形成的。后世人们多用"處"。在元版《孝经直解》中，从俗将声符"虍"省略。现代汉语简化字作"处"。

(5)《汇编》第59页：

聽樂聲呵，不歡喜；吃茶飯呵，不美。阿的便是他煩惱的情分。

按：以上"聲"字元版《孝经直解》作简体的"声"。"声"字收于金代韩孝彦、韩道昭撰《改并四声篇海》，在北齐《宇文诚墓志》中已经见到[1]。"聲"在元版《孝经直解》中均写作"声"。

《孝经直解》元刻本简体字形后来的演变大致有以下3种情况：

---

① 欧昌俊、李海霞：《六朝唐五代石刻俗字研究》，巴蜀书社，2004。

（1）许多字形为我国现行规范汉字所采用，如"个、体①、听②、无、礼、盖③、声"等。

（2）有的为日本汉字所采用，如"処"等。

（3）有的被废弃，如"孝"，现在"學"字简化作"学"。

可见，《孝经直解》元刻本对于汉字字形演变的研究，和《元典章》等文献一样有重要的价值和地位。

（二）《孝经直解》元刻本简体字形多见之原因

首先，汉字笔画复杂，对于文化水平较低的人来说，书写不便。民间很早就将某些复杂的汉字加以简化，或者用同音字来代替。元代简化字相当流行。现存元代刻本《元典章》《全相三国志平话》等书中，都可以看到这种现象。据统计，元刻本《元典章》中出现的简化字不下四五十个，其中多数与现在的简化字相同，如"粮""断""听""体""旧""变""炉""无""与""议""尽""蛮""宝""园""碍"等；还有一些则与现在的简化字有些差别，如"予"（钱）等。《全相三国志平话》中简化字的使用更加普遍，不下四五十个，大多数与《元典章》中相同，亦有未见于《元典章》者，如"灯""独""刘""泪""乱"等。此外如元刻本《事林广记》中也可以看到一些简化字。《元典章》是民间书商编纂的一部法律文书汇编，主要供普通百姓查阅之用。《全相三国志平话》原应是说话人的底本，刊印是为了在文化程度较低的下层群众中流传。作为家

---

① "体"从元代以来就是"體"的简体字，"体"字本义是"粗劣"，与"體"从字形到字音都没有联系，人们在使用的过程中，为了追求形体的简便，用"体"替代了"體"。后世"体"字通用。

② "听"从元代以来就是"聽"的简体字，见于多种通俗文学刻本和明末的文书档案《兵科抄出》等，明代张自烈《正字通·口部》："听，俗借为聽字省文。"《说文·耳部》："聽，聆也。"他丁切。《说文·口部》："听，笑貌。从口斤声。"宜引切。由《说文》可知，"聽"与"听"从字形到字音都没有关系，人们在使用的过程中，为了追求形体的简便，用"听"替代了"聽"。后世"听"字通用。

③ 唐代已见，唐玄度《九经字样》云："蓋，……玄宗皇帝御注《孝經》石臺亦作'蓋'，今或相承作'盖'者，乃從行書艹，與荅、若、著等字並皆訛俗，不可施於經典，今依《孝經》作'蓋'。"

庭日用百科型类书的《事林广记》，读者对象也是一般民众。^①同样，《孝经直解》等直解文献的阅读对象也包括文化水平较低的汉人百姓。这些作品中出现简化字，正是为了适应文化程度较低的群众的需要。

其次，白话文的特点决定了简体字的大量使用。张世禄先生早在20世纪40年代就曾指出："文言文和语体文，最重要的区别，就是在前者多用单字来代表单纯语词，后者多用两字以上的结合来代表复合语词。近代语体文的推广，实在足以敦促文字的简化，同时又增进了假借的效用。"^②《孝经直解》元刻本简体字形的多见也正是由它用元代白话来翻译文言文的性质决定的。

（三）不明俗字字形时代性的误录

张涌泉先生在《汉语俗字研究》一书中曾说过："俗字具有时代性，往往因时而异。"^③我们发现，元代直解文献中有些词语的书写形式有特殊的习惯，其字形具有时代性。如下面一些例子（括号内为现代正字）：

一、勾（够）

《汇编》第39页：

"有土此有财，有财此有用""财"是货财，"用"是用度。既有了国土，那地中所生的诸般财货，百姓每都来贡赋与国家，这便是财。既有了财货，国家诸般日用供给自然都够用了，这便是"有用"。（《大学直解》第十章）

《汇编》所用底本四库本此句确用"够"字，但我们注意到明代应良辑、明嘉靖四年（1525年）刊本《鲁斋遗书》中同句作"勾"字^④，所以我们认为《汇编》（包括《四库全书》本）是误以今字替换古字，未能存元本之真面目。我们判断原书此字应为"勾"而不是"够"的根据不仅在于底本的年代更早，

---

① 陈高华、史卫民：《中国风俗通史·元代卷》，上海文艺出版社，2001，第530页。

② 张世禄：《汉字的简化运动》，载张世禄《张世禄语言学论文集》，学林出版社，1984，第268-280页。

③ 张涌泉：《汉语俗称研究》，商务印书馆，2010，第122页。

④ 东方版、中州古籍版、吉林文史版《许衡集》此句用"够（够）"字；中华书局版《许衡集》作"勾"字。

而且我们发现，这个表示"达到某种程度，足够"的词在宋元文献中常写作"勾"，作"够（夠）"是明代以后的事①。

宋元时期表示"达到某种程度，足够"的"勾"的例子如：

（1）从今后，休道共我，梦见也不能得勾。（《满园花》）

（2）恁怎说那等言语？宽呵，做出衣裳余剩，又容易卖。窄呵，做衣裳不勾，不争少些个，又索这一等的布零截，又使五两钞。（《原本老乞大》）

（3）在先，各路分里，一百口羊内抽分一口羊者。不勾一百口羊，见群抽分一口者。（《元典章·刑部》卷十九《抽分羊马牛例》）

（4）他将带弓箭的人全咽呵，不碍着喉咙，吞一个全人呵，不勾点心。（《元朝秘史》卷七）

在朝鲜中宗年间著名语言学家崔世珍所著《老乞大》和《朴通事》语词训释书《单字解》中有对"勾"的解释：

今按，俗语勾了，又能勾。（《单字解》）

作"够（夠）"的可靠的例子如：

（5）怎能够会一会冤家也，（我的）心儿才得死。（《挂枝儿·想部三·心事》）

（6）这么些婆婆婶子凑银子给你做生日，你还不够，又拉上两个苦瓠子！（《红楼梦》第四十三回）

"勾"字《大词典》释为"①同'够'"，引宋代秦观《满园花》词（上举例1）、元代王实甫《西厢记》第一本第一折："人间天上，看莺莺强如做道场。软玉温香，休道是相亲傍；若能勾汤一汤，到与人消灾障。"《醒世恒言·钱秀才错占凤凰俦》："尤辰作谢下船。次早顺风，拽起饱帆，不勾大半日就到了吴江。"可见明代文献中沿用。直到清末表此义的"勾"字还在民间流行，例如：

（7）冯健道："盛价也有三百金私囊么？何苦的？况且宋相公得了这三百

---

① "够"字最早见于晋代左思《魏都赋》："繁富伙够，非可单究。"义为"多"。且明以前文献中使用较少。

金，回赎自己地土，典家说年限不勾，只怕年限勾时宋相公回赎不起，吃亏不吃亏？"（《歧路灯》卷十五）

"勾"还可以作为构词语素构成双音词"能勾"，表示有能力、有可能。元代直解文献中有一例：

（8）这忠顺的勾当不落后了呵，能勾得自家的名分，守得自家祖先祭奠礼有。（《孝经直解》第五）

"能勾"最早的用例可见于宋代：

（9）"有人夜行，闻井中叫云：'你几个怕坏了活人，我几个几时能勾托生？'"（《钱氏私志》）

（10）罗带双垂，妙香长恁携纤手。半妆红豆，各自相思瘦。闻道伊家，终日眉儿皱。不能勾，泪珠轻溜，损揉蓝袖。（《点绛唇》词）

金元时用例又如：

（11）君瑞悬梁，莺莺觅死，法聪连忙救。"您死后教人打官防，我寻思着甚来由？好出丑，夫妻大小大不会寻思，笑破贫僧口。人死后浑如悠悠地逝水，厌厌地不断东流。荣华富贵尽都休，精爽冥窦葬荒丘。一失人身，万劫不复，再难能勾。"（《西厢记诸宫调》卷八《般涉调·哨遍缠令》）

（12）不能勾侵天松柏长三丈，则落的盖世功名纸半张！（关汉卿《关张双赴西蜀梦》第二折《收尾》）

（13）他每若是歹人，来历不明呵，怎生能勾到这里来？（《原本老乞大》）

（14）休道是偌多钞锭、段子，皇帝人家的一条线，也怎能勾得？（《朴通事谚解》）

此词本字可能是"彀"，彀有满义，引申为"数量上可以满足需要"，用例如《董西厢》卷三："天、天闷得人来彀。"清人翟灏《通俗编》卷三十三"不能彀"条有相关分析，"《汉书·匈奴传》：平城之下亦诚苦，七日不食，不能彀弩。《唐书·张巡传》：士才千余人，皆癯劣不能彀。按，世凡不胜任、不满意俱借此以为辞，王实甫曲有'谁能彀'句"。

现代汉语中此字统一作"够"①。

二、哏（很）

程度副词"很"大约产生于元代，最初写作"哏"，在元代直解文献中可见其用例。《汇编》第47、48页：

唐太宗是唐家很好底皇帝。（《经筵讲议·帝范君德》）

行的好勾当呵，天下百姓心里很快乐有。（《经筵讲议·帝范群德》）

当时做官的、做百姓的，心里很快活有。（《经筵讲议·通鉴》）

《汇编》所用底本《四库全书》本以上几句确实用"很"字，但我们检《元人文集珍本丛刊》第四册所收明成化二十年（1525年）刊本四十九卷本《临川吴文正公集》卷四十四，发现以上几句里的"很"字都作"哏"。所以我们认为《汇编》（包括《四库全书》本）是误以今字替换古字，未能存元本之真面目②。我们判断原书此字应为"哏"而不是"很"的根据不仅在于底本的年代更早，而且我们发现，此词在元代文献中通常写作"哏"，作"很"是明代以后的事③。

元时表示"程度深"的"哏"的例子如：

（15）如今吃饭的人多，种田人少有，久已后哏不便当。（《元典章·工部》卷三《禁约滥设祗候》）

（16）粉骷髅安了个嘴鼻，木胎儿画上片人皮。但见的道我哏憔悴，不嫁人等甚的？谁敢对俺娘题。（元无名氏《满庭芳》）

十六世纪朝鲜学者崔世珍编写的汉语韵书《四声通解》是为当时朝鲜人

---

① 表示"足够"意义的"勾"被"够"所取代的原因，我们推测是由于"勾"的义项多，负担重，表意明晰性低，后来把这一义项卸给了"够"。

② 《儒藏》（精华编）二四六册《吴文正集》校点本亦误作"很"字，只是出注说："'很'，成化本、乾隆本作'哏'。下文同。"北京大学出版社2018年版，第1226页。

③ "很"字在明以前文献中只表示"违逆；不听从""狠毒；残忍""狂暴""争讼；争斗"等意义。

学习汉语服务的工具书①，在该书文韵"哏"字下注，"今按：元时语哏似、哏好，哏谓极也，音从去声"。这个程度副词元代已经出现，《单字解》也说，"哏：极也——哏好，今不用"。关于这个程度副词"哏"，太田辰夫先生在1958年出版的《中国语历史文法》中曾指出，"'很'在元代写作'哏'"②，"（哏）用作副词的例子元代能见到，但只是在某些文献中出现。可以想象是和蒙古人接触较多的北方人之间使用的俗语。在元曲中也是偶尔一用，恐怕汉人是不太使用的。……在明代的文献中还不能说出现得很多"③。

《元典章》例又如："江浙行省准尚书省咨，至大二年九月初四日奏过事内一件：古时委付官人每呵，各有管的勾当。如今地广民众，事务哏多有。"（《元典章·朝纲·省部纪纲》）"煎盐的灶户哏生受有。"（《元典章·户部·添支煎晒盐本》）元刊杂剧例如："那几个首户闲官老秀才，他每都哏利害，把老夫监押的去游街。"（《散家财天赐老生儿》第一折《油葫芦》）④未见作"很"字者。

作"很"的可靠的例子如：

（17）"果要千金，也不打紧。只是我大孺人很专会作贱人。"（《初刻拍案惊奇》卷二）

（18）"这好的很了。只是事不宜迟，老爹就要去办。"（《儒林外史》第十九回）

杨荣祥先生（2005）认为：现代汉语中补语位置上的"很"，实际上是形容词"狠"的同音字。他引用赵元任先生（1968）的说法："有的补语看起来像副词，比方'差多了''饿很了就头疼'。但因为副词补语很少不能在别的场合也作形容词用，所以还是把这些情形当作形容词方便些。甚至最标准的

---

① 崔世珍《四声通解序》作于明正德十二年（1517年），《四声通解》的成书大约也是在此时。

② ［日］太田辰夫：《中国语历史文法》，北京大学出版社，2003，第161页。

③ 引文据京都帝国大学文科大学藏版《覆元椠古今杂剧三十种》，中华书局1980年徐沁君先生校点本"哏"作"很"，误。

④ 引文据京都帝国大学文科大学藏版《覆元椠古今杂剧三十种》，中华书局1980年徐沁君先生校点本"哏"作"很"，误。

程度副词'很'字，不管是从历史上还是从描写语源学来看，都跟'狠'字是一个字。"（丁邦新译本，第226页）[1] 然后指出：从历史语料来看，"……得狠（很）""……很了"比"很（哏）……"晚出；先有"……得狠"，后有"……得很"，如"韩辅臣云，谁着你失误官身，相公恼的狠哩"。（《杜蕊娘智赏金线池》第四折）"那三位不得，形容丑得狠哩。"（《西游记》第九十六回）甚至还有这样的句子，"呆子慌得爬起来道：'这个亡人，却打搅得我狠！……'"。（《西游记》第三十二回）"他这样热得很，你这糕粉，自何而来？"（《西游记》第五十九回）"舍弟下乡去，说是热闹的很。"（《儒林外史》第四十八回）"他只因为欢喜很了，痰涌上来，迷了心窍。"（《儒林外史》第三回）"很（哏）……"中的"很（哏）"和"……得狠（很）"中的"狠（很）"是不是同一个来源，甚至是不是同一个词，都还很值得研究。[2]

"哏"字《大词典》释为"②副词。犹很。表示程度深"，举《元典章·工部三·役使》（上举例15）、元无名氏《满庭芳》曲（上举例16）为例。元以后就少见用例了。

现代汉语中此字统一作"很"，王静（2004）曾给这几个字画了个历时演变脉络图：

陈垣先生在《校勘学释例·元代用字与今不同例》中曾指出："有字非后起，而用法与古不同，翻刻古籍，不应以后来用法之字用之古籍也。"[3] 我们认为《汇编》（包括《四库全书》本）就是犯了这种"时代的错误"。《汇编》用

---

① 赵元任：《中国话的文法》，丁邦新译，中文大学出版社，2002，第226页。
② 杨荣祥：《近代汉语副词研究》，商务印书馆，2005，第292页。
③ 该书也举到沈刻《元典章》改"哏"为"狠"的例子（中华书局2004年版，第70-75页）。

《四库全书》作为底本而未选用善本，在文字上出现讹误也就不奇怪了①。

误录的例子还有：

"媢"，是妒忌。"恶"，是憎嫌。"违"，是拂戾不相合的意思。"俾"，是使。秦穆公又说，若做大臣的，其心里容不得人，见个有才能的人便妒忌憎恶，不待见他。见个美好通明的人，与他便不相合，使不得进用。这等的人，是他卑污褊浅，着实无容人之量。(《大学直解》第十章)

其中"待见"一词，义为"喜爱"。文津阁《四库全书》中的《鲁斋遗书》是采用万历二十四年怡愉、江学诗刻本，对"不待见他"一句并未做改动。文渊阁《四库全书》集部别集类所收录的《鲁斋遗书》采用万历二十四年怡愉、江学诗刻本，把原本的"不待见他"改为"不接待他"。东方出版社本《许衡集》是以文渊阁《四库全书》本为底本，参校了明万历二十四年怡愉、江学诗刻本，但并未发现文渊阁《四库全书》本的错误而加以校勘，仍然沿袭文渊阁《四库全书》本作"不接待他"。这就提醒我们，在进行古籍整理与研究时，必须充分注意到其中所使用的方言口语的意义，否则就会出现错误，从而使我们整理研究的古籍失去了它的原始面貌，而作者所要表达的真实意义也被误解。

第二节　标点问题

由于对词义把握不够准确，今人对元代直解文献的点校中还存在一些标点问题，下面举两个例子：

(1)《汇编》第16页：

如桀王暴虐，纣王宠妲己，只理会快活，多征百姓每差发钱，积在那鹿台库里，粮积在那钜桥仓里，却不思量这般东西都是百姓每身上脂膏，教百姓每怨不好。(《直说大学要略》)

---

① 由于《四库全书》《汇编》改"哏"作"很"，致使有些研究者误认为"到了元代，'很'和'狠'却都可以用作副词了"，参见王国栓、宁彦红：《试探副词"很"和语法格式"A得很"的来源》，《河北师范大学学报》2002年第1期，第68~71页。

《汇编》在"钱"字后点断，施以逗号，大概标点者认为"差发"仅包含"钱"而不包括"粮"。我们认为当在"差发"后点断，"钱"字应该属下，因为"钱"和下句的"粮"是对应的，"差发"包含"钱""粮"。东方版、中州古籍版、吉林文史版、中华书局版《许衡集》标点不误。

（2）东方版《许衡集》第57页：

圣人教人今日学一件，把那一件道理穷究到是处，明日再去为一件，又恁的穷究，今日明日只管穷究将去。或看文书评论，古人是的不是的，或是眼前见的事，思量合做不合做的，这几般一件件分拣得是呵，便是格物。（卷三《直说大学要略》）

点校者王成儒先生似乎是把"评论"当作名词看待，故在其后点断，使得"评论"成了"看"的宾语；《汇编》于"评论"后未点断，变成"或看文书评论古人是的不是的"一句，我们认为二书标点均误。此句中"评论"应属下，为动词，同下句的"思量"对应，所以当在"或看文书"后点断，施以逗号，同时把"或是"前面的逗号改做分号。即改作：

或看文书，评论古人是的、不是的；或是眼前见的事，思量合做、不合做的。这几般一件件分拣得是呵，便是格物。

这样标点的理由有二：一来这样标点层次清楚，上下句对应整齐；二来"评论"一词在元代基本上都用作动词，表示"寻思、揣度"，例如：

哥哥你自忖量，你自评论，您直恁般爱富嫌贫。（《杨氏女杀狗劝夫》第一折）

我、我、我，暗暗的仔细评论，俏苏卿摔碎粉面筝，村冯魁硬对菱花镜，则俺狠毒娘有甚前程。（《醉花阴·走苏卿》）中州古籍版、吉林文史版、中华书局版标点不误。

综上可见，今人对元代直解文献的点校还存在许多问题。另外，元代直解文献的注释整理工作还有待进一步深入。

第六章

元代直解文献词汇的构词法和聚合关系

第一节　元代直解文献双音词的构词法

词汇的发展不仅体现在新词产生、旧词消亡以及词义的变化等方面，也体现在词语构成的方式上。正如蒋绍愚先生所说："构词法属于语法的范畴，但对词汇也关系极大。各个历史时期构词法的不同，明显地影响到各个时期词汇的面貌。所以，构词法的研究也与词汇研究有关。"[①]

汉语的几种基本的构词法，在先秦都已大致具备。但从汉代到明清，构词法仍在不断发展。近代汉语构词法的发展主要体现在各种类型的构词方式日趋成熟，复音词大量增加。

近代汉语复音词发展的主要特点是新的双音节合成词大量增加，其中联合式、偏正式和附加式复合词的数量最多，其他如支配式、陈述式、补充式和重叠式等复合词的数量也有所增加。

（一）并列式

（1）同义并列。

例如："驱逐、先前、穷尽、始初、视看、申重、丧失、示见、通达"等。

（2）反义并列。

例如："精粗"，指精妙的与粗浅的。"高下"，指高低。"蚤晚"，指或早或晚。

---

① 蒋绍愚：《古汉语词汇纲要》，商务印书馆，2005，第262页。

（3）相关并列。

例如："质证"，指核实验证。

"田苗"，泛指庄稼。"身己"，指身体。"名听"，名声。"理会"，懂得。

（二）偏正式

（1）前偏后正式。

例如：

"蓍草、鸥鸟、桃树、水路、陆路、圣人、前贤、周流"等。

（2）前正后偏式。

例如：

【虫蝗】蝗虫。

如天能覆而不能载，地能载而不能覆。或当寒不寒，当热不热，或水旱虫蝗，或风雷霜雹，或为善的不降与他福，为恶的不降与他灾，也未免吃人怨恨。（《中庸直解》第十二章）

又如："帝尧、帝舜、王季、后稷"等。这些在元代直解文献中保留下来的"大名冠小名"结构的词语一般都是沿用自上古的，数量很少，并且发展到现代汉语都基本消亡了。

（3）名量式。

例如：

"物件、竹片、耳朵"等。

名量式合成词萌芽于两汉，南北朝时由此构成的合成词迅速增多，如"书本""首级""车乘"等。元代直解文献中名量式构词法依然存在，用例也很常见。例如：

①至于金银铜铁之类，凡世间宝藏的好物件也都产生出来。（《中庸直解》第二十六章）

②古人未有纸，用竹片写字，所以旧时传下的《大学》本子颇有简编差错处。（《大学直解》第一章）

③有一等人常常的做歹勾当，却来人面前说道："俺做的勾当好。"便如掩着那耳朵了去偷那铃的也似。(《直说大学要略》)

（三）支配式

例如："着实、抵死、用心、说话、司徒"等。

（四）陈述式

例如："天生、体验、心定"等。

（五）补充式

例如："晓得、充满、推开、看见、分明"等。

（六）附加式

附加式复合词分为前加式和后附式。前加式主要是继承使用已有的词头"老""初""第"等。相比较而言，后附式复合词的数量远远超过了前加式。主要由词尾"子""儿""头""家"等附着在名词、动词、形容词的后面构成，尤其以"子"最为常见，几乎与现代汉语没有什么区别。此外新出现词尾"每"。形成对照的是，"生""地"等后缀的构词能力趋于衰落。

"子"：名词后缀，如"身子、豹子、本子、城子、妃子、样子"等。

"儿"：如"蜜蜂儿、意儿、头儿、些儿"等。后缀"儿"出现于唐代，宋代逐渐发展成熟。王力先生（1980）指出，"儿"本义是"婴儿"，用作词缀是由其本义发展而来，最初用为人的小名，又可指鸟兽虫类的初生者，到唐代时期，动植物名称后面都可以加"儿"，并且失去了词汇意义，"儿"缀即形成了。一般多与动植物词语组合，如"猫儿""狗儿""鸭儿""雁儿""花儿"等，表达了对这些动植物的喜爱之情。[①]宋代以来，"儿"的使用范围扩大，不只限于动植物，出现了名词、动词、形容词后加"儿"以及数量词后加"儿"的三音节复合词。

---

① 董志翘：《中古近代汉语探微》，中华书局，2007。

"头"：如"石头、后头、下头、上头、念头"等。作为词尾的头字是名词的一个标志。

"家"："家"作词尾主要是附着在代词和名词后，近代又新产生了数量词后带"家"的多音节复合词。例如："人家、自家、大家、汉家、每日家"等。

"每"：表复数的词尾"们"产生的时间大致不晚于唐代。只是它在不同的时代有不同的写法。唐时写作"弭""伟"，例如，赵璘《因话录》卷四："我弭当家，没处得卢皮遐来。"司空图《司空表圣文集》："儿郎伟，重重祝愿，一一夸张。"宋时可写作"门、瞒、满、每、们"等。而元代多写作"每"，明清时期常写成"们"。①元代直解文献中一律用"每"。如"咱每、他每、孩儿每、官人每"等。

"当"：残留于现代汉语的"当"尾派生词除"勾当"是名词性质的以外，多是形容词性质的，如"快当、便当、稳当、满当、顺当、停当"，何以有这样的转变？可能原因有两点：其一是词义的发展演变，如"勾当"原指"处理、料理"，是动词性质的，又指"处理、料理的事务"，是名词性质的。后一意义向贬义方向发展，就成为今天的"勾当"；其二是词根的多义性造成的，"满当"中的"满"既有动词用法，又有形容词用法，而动词和形容词同为谓词，意义是相通的，故"当"尾派生词在中近古与在现代汉语里词性有所转变就是很自然的事了。

"来"：如古来。关于"来"的词尾性质，王云路先生和蒋绍愚先生都有论及，尤以王云路先生论述最为透彻、详尽："'来'是一个极为活跃的虚语素，与表示时间的单音节语素广泛结合，即可与春、夏、秋、冬组合，可与朝、暮、晨、昏组合，可与今、明、古、昔组合，还可与年、月、老、小组合，可与'比''顷'等特殊的表示时间的语素组合。"②

"地（的）"：动词、副词后缀，如"恁地（的）、坐地、甚的"。

---

① 参看吕叔湘先生著、江蓝生先生补《近代汉语指代词》，学林出版社1985年版；冯春田先生《近代汉语语法研究》，山东教育出版社2000年版。

② 王云路：《中古诗歌附加式双音词举例》，《中国语文》1999年第5期，第370-376页。

"生"：在元代直解文献中仅仅见到沿用下来的"好生""怎生"，帮助词缀"生"到元代已经不再具备构词能力。刘坚等先生（1992）指出："宋代以后'生'的结合能力逐渐减弱，元曲及以后的文献中，使用逐渐减少，最后凝固成一些词，残留在各种文献及口语里。"

（七）重叠式

（1）AA式

例如："哥哥、一一、世世、万万、个个、常常、人人、急急、远远"等。

（2）AABB式

例如："正正当当"等。

（八）联绵词

（1）双声：如"颠倒、黾勉"。

（2）叠韵：如"从容"。

（3）非双声叠韵：如"凤凰、麒麟"。

（九）音译外来词

例如：

【达鲁花赤】镇守官。

时至大改元，孟春既望，宣武将军两淮万户府达鲁花赤小云石海涯北庭成斋自叙。（《〈孝经直解〉序》）

又译作"答鲁花赤""答鲁合臣"，蒙古语 darqachi 的音译，义为镇守官。元朝规定，各路达鲁花赤必须由蒙古人或出身高贵的色目人担任。[①]

又如"阿的"等。

（十）变序构词

例如：

"声名—名声""起兴—兴起""覆盖—盖覆""事奉—奉事"等。（参看佟

---

① 邱树森：《元史辞典》，山东教育出版社，2002年。

晓彤（2007）文第三章）

第二节 元代直解文献词汇的聚合关系

一、元代直解文献中的同义词

元代直解文献中的同义词按照音节数可以分成以下几类：

（一）单音同义词

如：保—安，诚—实，克—能，本—身，峻—大，首—头，止—居，间—近，尝—曾，即—就，始—初，视—看，鲜—少，求—责，藏—存，喻—晓，前—先，丧—失，师—众，配—对，仪—宜，监—视，道—言，以—用，等等。

（二）复音同义词

如：名誉—名听—名声—声名，庶人—众民—百姓，一是——一切，忿嚏—恼怒，恐惧—畏怕，好乐—欢喜，忧患—愁虑，哀矜—怜悯—可怜见，不啻—不止，造端—托始，治人—责人，夷狄—外国，患难—困苦，自得—安舒，左右—两旁，令德—美德，保佑—眷顾，昆弟—兄弟，从容—自然，悠久—悠远，不已—不息，洋溢—充满，蛮貊—外夷，等等。

（三）单音词与复音词同义

如：媚—妒忌，毛—毛发，色—女色，保—安—保安，诚—实—诚实，比—伦—比伦，逮—及—逮及，笃—厚—笃厚，废—弃—废弃，归—向—归向，合—宜—合宜，经—常—经常，疢—病—疢病，居—止—居止，来—格—来格，流—荡—流荡，命—令—命令，气—臭—气臭，驱—逐—驱逐，先—前—先前，穷—尽—穷尽，始—初—始初，视—看—视看，申—重—申重，丧—失—丧失，示—见—示见，通—达—通达，网—罟—网罟，息—

灭—息灭，晓—喻—晓喻［"晓喻"现代汉语中一般只写作"晓谕"。］，厌—射—厌斁，队—落—队落，至—极—至极，赞—助—赞助，昭—明—昭明，振—收—振收，遵—依—遵依，种—树—种树，等等。

下面我们用以"养"为核心语素的4组同义词为例进行辨析。

1.【抚养】【保养】【爱养】

（1）文王为人父时，抚养他儿子，教训成就都做个好人。（《大学直解》第三章）

（2）人君于国中百姓能爱惜保养，如父母爱子一般。（《中庸直解》第二十章）

（3）以一己之心安众人之心，譬如父母爱养他儿子一般，所以说"此之谓民之父母"。（《大学直解》第十章）

2.【奉养】【侍养】【孝养】

（4）这三件儿歹勾当不去了呵，每日家怎生般饮食奉养，虽恁地呵，也是不孝顺的一般。（《孝经直解》第十）

（5）孝顺底孩儿在家侍奉父母呵，敬重的心有着。侍养呵，欢喜的心有着。（《孝经十解》第十）

（6）自家的身起谨慎少使用了呵，孝养父母着。阿的是庶民百姓每行孝道的勾当。（《孝经直解》第六）

这两组词，理性意义相同，每组内部又是等义关系，可以互相替代。但附加意义不同，两组词的使用对象不同，分工很明确。第1组是指家庭中长辈对晚辈，如父母、祖父母、外祖父母对子女、孙子女、外孙子女的抚育和教养；第2组是指晚辈对长辈尽赡养义务。可见，"抚养"等和"奉养"等，一个是上对下，一个是下对上，方向正好相反。

"抚养、保养、爱养、奉养、侍养、孝养"均为沿用古词。

3.【种养】【滋养】【培养】

（7）天的四时种养的道理不落后了，分拣得田地上种养得五谷。（《孝经直解》第六）

（8）凡物之栽植的有生长之理，便降雨露滋养他。（《中庸直解》第十七章）

（9）"培"是培养；"覆"是覆败。（同上）

4.【畜养】

（10）"畜"是畜养；马四匹为"乘"。（《大学直解》第十章）

这两组词的使用对象不同，分工很明确。第3组是指栽种并细心管理植物；第4组是指饲养动物。

"种养、滋养、畜养"为沿用词，"培养"是近代产生的新词。到现代汉语中，"奉养、侍养、培养、抚养、畜养、滋养、保养①"等被保留下来，"爱养、孝养、种养"等被淘汰了。

张美兰先生（2002）经过对《逆臣录》中的同义词分析后认为，"这些同义词一方面反映了汉语词汇的丰富多彩，另一方面也反映了同义复合词大量形成的初期，同义语素的联合具有一定程度上的任意性，只是后来在多种因素的作用下才固定成某种组合形式，其中一部分词被淘汰掉了。同义复用的过程中表意相同的语素受各种因素的制约，由自由结合到相对固定，最终使双音词的形式固定下来"。② 这种观点也适用于元代直解文献中的同义词。

元代直解文献中的一些同义词在历史上存在替换关系，如：别处—他处

《豳风》之诗说：人手中执着斧柄去砍那木来做斧柄，那斧柄长短的法则不必别处远来，只就这手中所执的便是。道之不远于人亦是如此。（《中庸直解》第十三章）

---

① "保养"词义到现代变为"保护修理""保护调养"。表"抚养"的"保养"到近代文学作品中仍有沿用，例如，曼师道：他只是保养百姓，曷尝受享半星？就象个人家父母粗衣蔬食省着银钱，只与儿孙受用。（《女仙外史》第八十五回）然则所产之婴儿，非婚姻而谁保养之乎，此讵非一最重要问题耶？（《新青年》第三卷五号《结婚与恋爱》）现代汉语此义则基本由"抚养"承担。"保养"的今义"保护调养"《大词典》首引《红楼梦》第五五回中的用例，过晚，汉代已见，例如：故凡事大小皆有精神，巨者有巨精神，小者有小精神。各自保养精神，故能长存。（《太平经钞》辛部卷八）

② 张美兰：《简论〈逆臣录〉在明代词汇研究中的价值》，《汉语史学报》第2辑，第89-101页。

"别处"指"另外的地方"①，是现代汉语里的一个常用口语词，相应的文言词是"他处／余处"。

"别处"作"另外的地方"解的较早的例子目前我们只发现一个②，如下：

已历问同住人，大小咸云：不觉见垣内埋药，亦不闻木臼捣声。恐或别处作，不论耳。(《周氏冥通记》卷四)

可知此词的产生不晚于陶弘景的卒年即536年。往上追溯，我们在后汉道教经典作品《太平经》中也看到一处"别处"：

愚生得天师教救者，归别处，思惟其意，各有不解者，故问之也。(《太平经》卷九十三《国不可胜数诀》)

不过这里的别处是否表示"另外的地方"，我们还难以断定。

中古时期"别"字用作定语，表示"其他的；另外的"意义，在《齐民要术》中就有数例，如：

接取白汁，绢袋滤着别瓮中。(《齐民要术》卷五)

少时，捵出，净捩去滓。晒极干。以别绢滤白淳汁，和热抒出，更就盆染之，急舒展令匀。(《齐民要术》卷三)③

而且，在同期文献中我们还能看到"别本"(见《世说新语·文学》)、"别名"(见《水经注·河水三》)、"别号"(见《左传·昭公二年》"少姜有宠于晋侯，晋侯谓之少齐"晋代杜预注："为立别号，所以宠异之。")、"别邸"(见《魏书·后废帝纪》)、"别姓"(见《孔丛子·独治》)、"别圃"(见《西京杂记》卷三)、"别室"(见《后汉书·明帝纪》)、"别宫"(见《颜氏家训·教子》)、"别殿"(见《三月三日曲水诗序》)、"别区"(《东都赋》)、"别业"(见《思

---

① "别处"在唐以前多表示"分别而居""离别的地方"，那是另外两个词。

② 北齐魏收《魏书·李崇传》中有一例"别处"容易被看成"他处"："先是，寿春县人苟泰有子三岁，遇贼亡失，数年不知所在。后见在同县人赵奉伯家，泰以状告。各言己子，并有邻证，郡县不能断。崇曰：'此易知耳。'令二父与儿各在别处，禁经数旬，然后遣人告之曰：'君儿遇患，向已暴死，有教解禁，可出奔哀也。'苟泰闻即号咷，悲不自胜；奉伯咨嗟而已，殊无痛意。崇察知之，乃以儿还泰。"汪维辉先生指出此"别处"应是指"不同的地方"。

③ 参见汪维辉：《〈齐民要术〉词汇语法研究》，上海教育出版社，2007年版，第165页。

归引序》)、"别调"(见《水经注·河水四》)等一组词。"别处"只是其中一员。

我们应该注意，中古时期"他处/余处"仍然处于强势地位。举数例如下：

卿姨屡有请，二君乃无异，但恐余处不必允耳。(《周氏冥通记》卷三)

然柏沥、芥子，并是躁药，其遍体患疥者，宜历落斑驳之，以渐涂之，待差，更涂余处。(《齐民要术》卷六)

云何得使此人常在我国，不余处去？(《百喻经·破五通仙眼喻》)

客聊调之："石人能治病，愈者来谢之。"转语："头痛者摩石人头，腹痛者摩其腹，亦还自摩，他处放此①。"凡人病自愈者，因言得其福力，号曰贤士。(《风俗通义》卷九)

(太玄女)能徙官府、宫殿、城市及世人屋舍于他处，视之无异，指之则失其所在。(《神仙传》卷五)

上每入，必他处回避。上数掩伺之，不能得。(《宋书·后妃传·文帝袁皇后传》)

唐宋时期，"别处"在与"他处/余处"的竞争中使用渐广，在语法功能上可以做宾语、主语，现酌举部分用例：

五顶之圆高，不见树木，状如覆铜盆。望遥之会，不觉流泪。树木异花，不同别处，奇境特深。(《入唐求法巡礼行记》卷二)

大众向后到别处遇道伴，作摩生举似他？(《祖堂集》卷十三《福先招庆和尚》)

若驱出众微尘，从他方而着，他方岂不是世耶？若驱出众烦恼，从别处而着，别处起(岂)不是法界也？(《金刚般若波罗蜜经讲经文》)②

善财参五十三员善知识，末后到弥勒阁前，见楼阁门闭，瞻仰赞叹。见弥勒从别处来。(《五灯会元》卷二)

周元卿问："读书，有时半板前心在书上，半板后忽然思虑他事，口虽读，心自在别处。如何得心只在书上？"(《朱子语类》卷一百二十《朱子

---

① "放此"原作"于此"，从王利器先生校注本改。

② 黄征、张涌泉校注《敦煌变文校注》，中华书局1997年版，第642页。

十七》）

然而在《朱子语类》中，旧词"他处"仍大量使用^①，频次接近"别处"，如：

> 曰："不必录。只识得一处，他处自然如破竹矣。"（《朱子语类》卷一百一十八《朱子十五》）

这可能有两方面的原因："一是朱熹自幼便受儒家教育，一生虽未飞黄腾达，但他也较少接触下层劳动人民，与他往来交游的也大多是文人墨客，所以他在与学生的交流谈话中，仍会出现许多书面用语；二是朱熹一直生活在偏远的福建，因崇山峻岭的阻隔，闽粤一带受官话的影响较小，其语言发展变化较慢，今天的闽粤方言与普通话的巨大差异也可使我们认识到这一点，八九百年前闽粤地区的方言更是古老，所以在朱熹的谈话中才会出现那么多古老的用语。"^② 比较而言，在《五灯会元》中，表"另外的地方""别处"共使用15例，未见"他处"。据此我们可以说，南宋时期的口语里"别处"一词已占统治地位。

据我们统计，在刘坚、蒋绍愚先生主编的《汇编》中，"他处／余处"没有一例，有7例"别处"（见表二）。

表二

时代	唐五代			两宋			元明
文献	入唐求法巡礼行记	变文	祖堂集	二程遗书	朱子语类	五灯会元	汇编
他处	0	0	0	3	35	0	0
余处	0	1	1	0	0	0	0
别处	3	8	8	3	57	15	7

---

① 旧词"余处"既可表"另外的地方"，又可表"剩余的地方"，缺乏表义的明晰性，故而宋代以后就极少见到了。

② 参看黄晓宁《晚唐至宋时期"他人""旁人""别人"替换考》，载《鞍山师范学院学报》2007年第3期，第38–40页。

因此我们认为：至元代，"别处"无论在使用频次和语法功能上都已经基本完成了对"他处/余处"的替换。

明清时期文献中"别处"的例子很多，略举一二：

一日，马小姐说道："你是别处人，甚气力到得我家里？天教我生出这个病来，成就这段姻缘。那个仙方，是我与你的媒人，谁传与你的，不可忘了。"（《二刻拍案惊奇》卷二十九）

看见那些小珠子儿，滴溜滴溜的都滚到大珠子身边，回来把这颗大珠子抬高了，别处的小珠子一颗也不剩，都粘在大珠上。（《红楼梦》第九十二回）

明代"别处"的语法功能也得到扩展，除作宾语、主语外，还能作定语，如：

如今要说这晁夫人的结果，且没工夫说那别处的光景，单只说那武城县的收成。（《醒世姻缘传》第九十回）

汪维辉先生（2000）曾指出：旁指代词"他/异"到"别"有一个历时替换过程，"别"字从唐代以后构词能力逐渐增强，在许多场合陆续取代了"他/异"，如"别家、别枝、别室、别院、别事、别时、别身、别体、别调、别物、别法、别理、别路"等。[①]"别处"对"他处/余处"的替换又为他的观点提供了一个佐证。

《大词典》《汉语大字典》在"别"的"另；另外；另外的"义下所引的例子都是用作状语的，与我们讨论的"别"有区别，应分为二义。《大词典》"别处"条第二个义项下所引书证是唐代吴融《湖州朝阳楼》"仲宣题尽平生恨，别处应难看屋梁"和许地山《命命鸟》"加陵知道敏明没有别处可去"两例，对词语的语源失考，所举书证时代落后，应提前至南北朝。另外，两个书证时代跨度过大，中间环节缺失，也应补充宋元明清时期的例子。

近代汉语词语变化方式的主要特点是词语间的替换。这种替换，是一种在语词形式上实现的时代性替换，即同一概念在不同的历史时期有了不同名

[①] 汪维辉：《汉语词汇史新探》，上海人民出版社，2007，第171–194页。

称。该期词语的替换并不是杂乱无章的，概括如下。

（一）口语词代替文言词

我们知道，元代直解文献的口语化程度非常高，口语词的使用是其主要特色。口语词是直接反映人们日常生活的最活跃的词语，而文言词一般显得保守、僵化。因此，大部分常用词的变化就是这一部分词语的新旧更替造成的。例如："伐／砍"（详见上文"砍伐"条）。

（二）通语词代替方言词

通语词是指全民族普遍使用的词语。而方言词只是在某一地域内部使用的词语。有些方言词从古代一直使用到现在，而有些只是在某一历史时期内使用较多，后来就被通语词代替了。例如：

1. 爷娘—父母

"爷娘"是中古时期在北方产生的一个方言词[①]，"父母"一词是通语，从上古一直使用到现在。元明时北方多用"爷娘"，而"父母"在书面语里使用。清以后，"爷娘"一词的使用范围逐渐缩小。至今沿用此称谓的现代汉语方言点有绩溪、上海、金华、南昌、丹阳等。（《现代汉语方言大词典》第4462页）

2. 省得—知道

"省得"即懂得、晓得。又作"省的"，例如，元代武汉臣《散家财天赐老生儿》第一折："你两个也省的，俺老的偌大年纪，见有这些儿望头，欢喜不尽。""知道"本义指"通晓天地之道，深明人世之理"，例如，《管子·戒》："闻一言以贯万物，谓之知道。"大约到唐代凝缩为双音词，"道"语义脱落，指"对事物有所了解、认识"，是个十分常用的通语词。[②]清以后，"省得"一词的使用范围逐渐缩小。

---

① 刘凤翥先生（2005）认为"爷"是一个外来词，可备一说。

② 汪维辉：《撰写〈汉语100基本词简史〉的若干问题》，载中国社会科学院语言研究所《历史语言学研究》第一辑，商务印书馆，2008，第201-215页。

3. 中—行、成

元杂剧表示可以的"中"的用例如：敢也不敢？中也不中？我问您咱！（《严子陵垂钓七里滩》第四折）后来"中"被"成""行"所代替，现代汉语河南方言沿用此词。

（三）汉语词代替外来词

汉语词汇借用外来词，往往有很明显的时代性，而具有时代特色的东西很容易随着这一时代的结束而成为历史。近代汉语词汇中的外来词主要是源自蒙古语借词，也有少部分是源自其他国家或民族的借词。它们中的一部分直到现在都一直使用，如好歹的"歹"、驿站的"站"等。但大多数词语有的已经消亡，而有些则被汉语语词所代替。

二、元代直解文献中的同源字

（一）弟、悌

> 悌为事兄之道。所责乎弟者，欲其悌于我，反求乎我之所以事兄者，却未能克尽其悌。（《中庸直解》第十三章）

"悌"字指敬爱兄长。《孟子·滕文公下》："于此有人焉，入则孝，出则悌。"赵岐注："出则敬长悌。悌，顺也。"汉代贾谊《新书·道术》："弟敬爱兄谓之悌，反悌为敖。"《释名》："悌，弟也。"《晋书·武帝纪》："有不孝敬于父母，不长悌于族党，悖礼弃常，不率法令者，纠而罪之。"孝悌是封建社会所提倡的伦理道德，原本作"弟"，《论语·学而》："其为人也孝弟。"因"弟"主要表示"兄弟"的意思，"孝悌"的"弟"后来就写作"悌"了。"悌"字大约出现在秦汉以后，由于封建社会对"孝悌"这一伦理道德的重视，"悌"这个字也就成了古汉语的常用字。元代直解文献中少用，现代汉语中已变成一个书面语词。

（二）瘝、痛

> 瘝痛心休教抵死过当着，这的是圣人教人行孝的法度。则教持三年孝服，

教百姓知人尽的时节。安排棺椁和就里的衣服，覆盖着好者。摆列祭器祭奠呵，好生痛烦恼着。（《孝经直解》第十八）

《龙龛手鉴·疒部》："癓同'疼'"。此字变文中已出现，如：两面人扶，千般癓痛，兼有药椀，在于头边。（《八相变》，《敦煌变文校注》第511页）癓、痛二字音近义通，是同源字。[①] 直解中只有"痛"可以单用，"癓"只出现在双音词"癓痛"中。

三、元代直解文献中的反义词

元代直解文献中的反义词按照音节数可以分成以下两类。

（一）单音反义词

如：厚—薄，苦—乐，寒—热，清—浊，同—异，吉—凶，强—弱，曲—直，新—旧，好—歹，愚—智，是—非，黑—白，亲—疏，贵—贱，浅—深，升—降，与—夺，胜—败，隐—显，用—弃，俯—仰，彼—此，然—否，等等。

直解文献中反义词聚成员的历时更替现象很突出，下面举例说明。

1. 好—歹

表事物的性质的好与坏，上古常说"善—恶"，直解文献中多用"好—歹"。

孔子说："好的人服事官里呵，向前思量公心向官里的勾当，退后思量休教官里有过失时勾当。好处将就行者，歹处当着整理者。这般呵，上下都一心有。"（《孝经直解》第十七）

在先秦，形容事物的好坏还可以用"美—丑"这组聚合。如《国语·晋语》："彼将恶始而美终，以晚盖者也。"三国韦昭注："美，善也。"《诗经·小雅·十月之交》："日有食之，亦孔之丑。"当然此时它们的词义还比较抽象，

[①]《篇海类编》："痛，疼也。"；《广雅》："疼，痛也。"参看王力先生《同源字典》第381页。

只用来表达一般的好坏，到了汉代则可以修饰具体的事物，如《说苑·谈丛》："高山之巅无美木。""美木"指高大粗壮，利用价值比较高的树木。《汉书·项籍传》："项王为天下宰不平，今尽王故王于丑地。"颜师古注："丑，恶也。""丑地"就是指穷山恶水。在元代直解文献里，"善"从原聚合中退出，又由"歹"代替"恶"，原聚合便成为"好—歹"。到现代，"善—恶"专指质量，"美—丑"一般指形貌或审美方面，性状方面多由"好"和后起形容词"坏"表示。

2. 高—低

"下"和"低"是一对有历时替换关系的形容词，上古说"下""卑"，现代汉语口语一般说"低""矮"。又有双音词"低下"，是一个新旧成分合璧词。这组词的历史替换情况似乎还没有被系统地讨论过。[①]

"卑"在先秦有低义，《尔雅·释山》："山大而高，崧。山小而高，岑。锐而高，峤。卑而大，扈。小而众，岿。"这里"大"与"小""高"与"卑"都是反义词，"卑"是低的意思。"卑"的"卑贱"义大约就是由"低"义引申而来的。后来"卑"的低义消失，便退出"高/低"反义聚合。

先秦"上""下"是一对反义词，而就高度着眼，"下"还是"高"的反义词，如《老子》第七十七章："高者抑之，下者举之。"《孟子·离娄上》："为高必因丘陵，为下必因川泽。"

王凤阳先生说"在先秦主要是高下对举，低只用于低头，不表上下距离小；由于下的用法特多，汉以后逐渐用低来分出下的上下距离小义。"[②]我们赞同王氏的观点，因为表"上下距离小"的形容词用法的低最早见于东汉王充的《论衡·效力》："河发昆仑，江起岷山，水力盛多，滂沛之流，浸下益盛，不得广岸低地，不能通流入乎东海。"低与高对举的例子，如南朝梁庾肩吾《咏檐燕诗》："双燕集兰闺，双飞高复低。"不过此新用法中古仍不多见。

---

① 汪维辉：《汉语中的十组表量形容词》，载徐丹《量与复数的研究 中国境内语言的跨时空考察》，商务印书馆，2010，第273–312页。

② 王凤阳：《古辞辨》，吉林文史出版社，1993，第927–928页。

唐宋口语文献中形容词"低"用例增加，词义丰富，用法更灵活，如白居易《晏起》："厚薄被适性，高低枕得宜。"寒山《驱马度荒城》："高低旧雉堞，大小古坟茔。""低"字被收入《说文新附》，释作"下也"。此期"下"常用作方位词、动词，作为和"低"同义的形容词主要见于一些成词（如"高下"等）或较文的场合，如《梦溪笔谈》："刘晏掌南计，数百里外物价高下，即日知之。"

元初戴侗《六书故》卷八有这样的记载："低，都黎切，卑也，古称高卑，今言高低。"大概至元代，汉语口语中主要说"低"了，"下"被淘汰，替换过程完成了。

直解文献中"下""低"的例子如：

"登"是升。"卑"是下。（《中庸直解》第十五章）

其间行得高了，人及不得的，做得大事，可以做圣人；行得较低处，可以做贤人。（《直说大学要略》）

《直说大学要略》出现"低"，反映了当时的口语；《中庸直解》用"下"，反映了它的书面文言色彩较浓。

（二）复音反义词

如：真实—虚假；懦弱—刚强；险阻—平稳；远处—近处；大学—小学，等等。

元代直解文献中的复音反义词主要是合成词，一般是由单音节反义词和其他构词成分组合而成的。

结　语

目前，已经有不少学者对唐宋时期和明代汉语的词汇做了一定的研究，但因为元代历时比较短，元代汉语口语成分比较复杂，学界对元代汉语词汇的研究比较有限，而专门以元代直解文献词汇为研究对象的成果就更加少见了。本书试图在这方面做一些努力。以下对本书的研究做简单总结，并根据研究结果对元代直解文献的语言性质问题以及元代直解文献词汇和现代汉语的差异问题谈点看法。

一、本书研究的简单总结

在第一章绪论部分，我们首先介绍了元代直解文献的流传及版本，分国内、国外两部分分别介绍了相关研究的概况，说明本研究对于汉语词汇史研究、常用词演变研究、大型辞书的编纂、古籍整理与研究等方面都具有重要意义。第二节从直解文献用词的内部差异、直解文献词语的书写形式两方面揭示了元代直解文献词汇的风格与特点。通过几组例子的比较可以看出，在用词方面，《直说大学要略》和《大学直解》《中庸直解》差异较大，表示同一意义所用词汇不同，《直说大学要略》很可能更能反映元朝北方口语，这是应该留意的一点；元代直解文献中的不规范字和一字（词）多形现象比较多，直解文献词语的书写形式大致可以分成6种情况。

在第二章中，我们主要考察了直解中的承古词语，包括来源于上古汉语时期的词语及来源于中古汉语时期的词语。通过与现代汉语的比较，发现元代直解文献中的承古词语除一部分已经消失之外，大多都沿用到了现代汉语中。有的沿用下来的词语的理性意义发生了或多或少的变化，例如"刑法""保安"等；有些词语发展到现代汉语里改变了感情色彩，如"自尊"等。

在第三章中，我们主要考察了元代直解文献中的新词新义，包括22个新生单音词或词义，约200个新兴双音词，若干多音词语（包括三音词和成语）。双音新词、双音词的新义是新词新义的主体，我们按照名词、动词、形容词、虚词等不同词类对其进行了具体的描述。

在第四章中，我们主要以《大词典》为参照，认为元代直解文献的词汇对于《大词典》等大型语文辞书能起到增补词条、义项的作用，能起到提供书证的作用，能起到提前书证的作用，能起到完善释义和书证的科学性的作用。

在第五章中，我们主要从校录以及标点两方面对元代直解文献的整理问题加以讨论。今人对元代直解文献的校录存在的问题主要包括脱文和误录。误录问题又可以分成"甲乙二字音义不同，因形近误将甲字录作乙字""甲乙二字音义相关，因不明字形的时代性误将甲字录作乙字"两种。由于对词义把握不够准确，今人对元代直解文献的点校中还存在一些标点问题。

在第六章中，我们主要讨论了元代直解文献双音词的构词方式和直解文献词汇的聚合关系。词汇的聚合关系主要从同义词、同源词、反义词三个方面进行研究。元代直解文献中的一些同义词在历史上存在替换关系，如：别处—他处等；反义词聚成员的历时更替现象也很突出，我们主要以"好／歹""高／低"为例来说明。

二、元代直解文献的语言性质

李崇兴先生（2001）认为：贯云石的《孝经直解》"用的是跟直译体公文相类似的白话"。祖生利先生（2005）曾正确地指出："元代的经筵讲稿大多采用所谓'直讲体'的语言，即用通俗浅白的口语讲说经史大意。这种直讲体语言，往往带有明显的蒙式汉语特点，与纯正的北方汉语有所不同，这在吴澄的《经筵讲议》、贯云石的《孝经直解》、郑镇孙的《直说通略》中体现得尤为明显。我们已经知道，这些汉文讲稿并不是像直译体文献（如白话碑文、《元典章》等）那样由蒙古语转译而来，它所呈现的若干蒙古语法特点，应该是刻意模仿蒙古人所说蒙式汉语的结果，是语言接触的产物。由于经筵进讲的对象为汉语水平普遍不高的蒙古帝王、太子、诸王、大臣及其子弟，用这种'洋泾浜'式汉语讲授，无疑更易于为蒙古人所理解。同时也说明，在语言接触后期，元代宫廷乃至于大都城中确实存在这样一种洋泾浜汉语，作为蒙古、色目人与汉人之间交际沟通的工具。"与蒙古人所说蒙式汉语不同的是，由于大多数直解文献的作者大约都不能熟练使用蒙古语，并不存在实际的母语干扰，"这种直讲体语言中蒙古语成分对汉语的渗透，远没有直译体文献所呈现的纷纭缠杂，而是显得简单、机械，体现出一种向融合语过渡的状态"[①]。

元代宫廷的经筵讲稿有不少后来得以刊行，如《孝经直解》等。其阅读对象大概主要是蒙古、色目官员和百姓。据《元史·王思廉传》记载："（思廉）每侍读，帝（世祖）命御史大夫玉速帖木儿、太师月赤察儿、御史中丞撒里蛮、翰林学士承旨掇立察等，咸听受焉。"又《泰定帝本纪一》："（泰定元年二月）甲戌，江浙行省左丞赵简请开经筵及择师傅，令太子及诸王大臣子孙受学。"同时，阅读对象也应该包括文化水平较低的汉人百姓，贯云石《孝经直解》自序（作于1308年）云："尝观鲁斋先生取世俗之言，直说《大学》，至于耘夫荛子皆可以明之。……愚末学，辄不自揣，僭效直说《孝经》，使匹夫匹妇皆可晓达，明于孝悌之道。"这说明，这种"直解体"语言具有相当广泛的民众基础。

由我们对元代直解文献词汇的研究也可看出，总体而言元代直解文献的语言性质是夹杂着浅近文言的通俗汉语口语体，是研究元代白话的十分宝贵的语料之一。

三、元代直解文献词汇和现代汉语词汇的差异

元代直解文献的词汇是上古、中古汉语词汇发展的结果，也是现代汉语

---

① 祖文所谓"直讲体"文献即本书所说的直解体文献。

词汇形成的基础，它的许多词语都沿用至今。同时我们也应看到，元代直解文献词汇有的在现代汉语普通话里已经消失了（如"种养""生受"等）；现代汉语中的某些词语在元代还没有产生或发展成熟。词汇的继承与发展变化是分不开的。下面我们粗略地看一下元代直解文献词汇和现代汉语词汇的差异：

（1）名词：言语—话，爷娘—父母，伴当—朋友/同伴，如今—这会儿，其间—时候，田地—地面—地方，文书—书，等等。

（2）动词：唤—叫，着—教，掘—挖，索—要，将—拿/取/带，引—带，整理—收拾，坐地—坐着，行—走，使—用，省得—懂的/知道，居—住，损—坏，无—没—没有，与—给，等等。

（3）形容词：饥—饿，等等。

（4）副词：一就——齐，一处——同，通—共，休—别，常常—经常，等等。

（5）介词：和—连，等等。

（6）连词：为这上/因此上①—所以/故此，等等。

（7）其他：每—们，怎生/怎的—怎么（样），等等。

总之，元代直解文献的词汇对前代的词汇继承较多，和现代汉语相比，元代直解文献词汇呈现出的特点、常用词的使用等与现代汉语还有明显差异，具有鲜明的时代性。

四、对未来元代直解文献研究的展望

经部典籍向来是中国传统语言学（主要是训诂学）的主要研究对象，所以经书注释的断代研究历来为语言学者所重视。元代直解文献的研究属于经书注释的断代研究，在训诂学及注释学上的地位是不容忽视的。对于元初直解文献的研究，应当注重三个层面上的背景，一是中国文化的冲击与传承，

---

① 现在中原官话还保留了"因此上"的说法，见《汉语方言大词典》第1964页。

二是社会的冲突与重构，三是语言的转型与发展。也就是说，直解文献作者所处的时代，是一个大动荡、大转折的时期，是一个关键的历史节点，我们应把他们的白话著述放在这个大的宏观历史层面上去考量，他们对于时代是接受其变化的，其作为助推着时代变化，其著述语言清晰地反映着元初语言的种种变化。因此，我们当代研究者的眼光应当放在这种变动上，结合宏观背景和微观作为，仔细考量这种变动的状貌特征，特别是引起变动的动因和机制是怎样作用和形成的，而不是停留在表层叙述与描写之上。今后对元代直解文献词汇的研究应和语言学相关理论，如语言接触、认知、隐喻、语法化等理论结合起来，加以综合运用，对元代白话词语言现象进行多维阐释，探索其演进原因和机制，以便我们能够系统、严谨地描述、研究彼时白话词汇的发展变化。

　　作为近代汉语词汇的一个专题研究，需要大量的具体工作。由于各种条件的限制，本书所得出的结论，虽然建立在大量调查的基础之上，但由于对元代直解文献的调查工作，在很多方面一时还难以达到穷尽的程度，因此，其中一定有不少地方，有待今后深入研究并进一步完善。另外，从中外历时语言学的有关理论角度，对作为元代汉语语言系统的一部分的元代直解文献词汇做更多更深刻的解释，当然是元代直解文献词汇研究的一个重要的方面，但由于是第一次对元代直解文献词汇做全面系统的调查，因此虽然本书在某些局部做了一些这方面的尝试，但总体说来，本书的重点主要还是在描写，对理论的探讨展开不多。这也是应该继续投入大量时间与精力去研究的。

元代直解文献双音词表

A

a	阿的					
ai	哀矜	哀痛	爱亲	爱惜	爱养	爱恤	爱戴
an	安居	安舒	安行	安排	安稳	安乐	安葬
	安定	安辑					
ao	傲人						

B

ba	把心	把礼	把做				
bai	百官	百世	摆列	败坏	败亡	拜郊	
ban	伴当						
bao	褒美	包括	保全	保守	保养	保爱	保辅
	宝藏	宝重	暴虐	报答	报应	报复	豹子
bei	悲哀	卑污	悖乱	备细			
ben	本来	本分	本性	本然	本宗	本子	
bi	比先	比如	比合	比喻	比似	彼此	必然
	裨益	弊病					
bian	褊浅	辨析	变化	变易	辨别	便如	便自
biao	表德	表仪	表正				
bie	别个	别处	别人				
bin	宾旅						
bing	禀受						
bo	博厚	薄冰					

| bu | 不过 | 不见 | 不问 | 不要 | 不是 | 不息 | 不中 |
| | 不止 | 不敢 | 不比 | 不拣 | 不索 | 不枉 | |

C

cai	材质	才能	才德	财货			
can	参定						
cang	藏躲	藏蓄					
ce	测度	恻怛					
cha	差别	差缪	差忒	差错	差失	茶饭	
chai	差发						
chan	谗言	产生					
chang	常常	常行	常久	长久	长短	长远	
chao	朝廷						
chen	嗔怒	陈设	陈列	臣寮	尘垢		
cheng	称美	称述	承接	承载	承继	承顺	呈露
	成功	成行	成就	成形	城子	诚实	诚信
chi	持载	侈肆	耻羞	斥逐			
chong	充足	充塞	充满	充积	重新		
chou	愁虑	臭秽					
chu	初始	初起	初学	出嫁	出仕	出来	出去
	出世	出自	处事	处在	处置	黜退	
chuan	穿井	传授	传播	传述			
chuang	创始						
chun	纯全	纯熟					
ci	慈爱	慈母	慈心	此等	次第	次序	
cong	聪明	从而	从化				
cu	粗浅	粗疏					
cun	存得	存亡					

cuo	错处	错乱				
D						
da	打劫	打造	大儒	大小	达德	大凡	大人
	大虫	大概	大能	大于			
dai	逮及	歹人	歹处	待见	怠忽	怠慢	
dan	但是						
dang	当初	当时	当世	当着	当做		
dao	道理	道路	到老	到处			
de	德行	德泽	德性	德义	德位	得以	
dun	敦笃	敦厚					
deng	等级	等待	等候				
di	抵死	地土	地步	地方	地面		
dian	颠倒	点画					
diao	凋落						
ding	定理	定向					
dong	东西	动摇	动作				
du	独居	独有	读者	独自	笃实	笃好	肚皮
	度量	妒忌					
duo	端的	端正	对说	多时	多咱	度量	
E						
en	恩谊	恩泽	恩义				
er	而后	耳朵	耳边				
F						
fa	发生	发达	发动	发越	法则	法度	
fan	蕃盛	烦恼	凡事				
fang	方法	方正	方才	房屋	妨误	放肆	放党
fei	妃子	废坠					

fen	分开	分明	分理	分拣	分辨	忿怒	奋发
feng	风气	风俗	奉法	奉祀	奉事	奉养	奉持
	俸禄	奉侍					
fu	夫妇	服从	服事	服饰	扶侍	拂戾	福禄
	抚爱	抚养	覆盖	覆败	富贵	父亲	赋税
	富足	赋与					

G

gai	改移	改变	改正	盖覆			
gan	干净	感发	感格	赶逐	感戴	感人	赶趁
	感化						
gang	刚强	纲领	刚劲				
gao	高处	高大	高人	膏血			
ge	哥哥	各人	各自	各处	个个	各色	
gen	根本	根底	根脚	根前			
geng	耕种	更代					
gong	公心	公私	工夫	躬行	功德	公事	功效
	恭敬	功业	供给	贡赋	供荐		
gou	勾当						
gu	孤幼	古今	古人	古来	古时	古道	固有
guai	乖戾	怪异					
guan	棺椁	官人	官属	官里	观看	管辖	
guang	光辉	光明	广宣	广狭	广大	广博	广阔
gui	归顺	归附	归向	鬼神	诡异	贵重	
guo	国土	国都	果然	果敢	过失	过当	过去

H

hai	孩儿	害杀	害民				
han	涵泳	含忍	涵容				

hao	毫厘	毫髪	好生	好人	好事	好处	好勇
	好恶	好善					
he	和睦	和顺	和合	和气	合行	合宜	河海
	河道	和悦	合理	何尝			
hei	黑发	黑暗					
heng	横逆						
hong	洪福	哄人					
hou	后头	后学	后来	后人	后面	后世	厚薄
hu	忽略	忽然	胡乱	互相			
hua	华美	化育					
huai	怀服						
huan	欢喜	欢乐	换易	唤集	唤做		
huang	惶恐						
hui	回说						
hun	昏蔽	昏昧	昏浊	昏愚	浑融	浑然	混一
huo	火鼓	祸机	货财				
J							
ji	机关	机槛	基业	急急	极其	极好	极致
	极至	及至	几时	几般	积石	积累	积聚
	几兆	祭器	祭祀	嫉妒	既是	祭礼	祭奠
	继续	继述	记述	记纂	寄旺	技艺	寂灭
jia	加厚	加敬	加以	家法	家国	家里	家庙
	家事	家庭					
jian	鉴视	间断	坚忍	坚定	简略	简慢	拣择
	检束	践履	渐渐	僭为	见	见得	见于
	见喜	件件					
jiang	将引	将就	将去	讲明	降杀		

jiao	交错	教导	教诲	教训	教道		
jie	接续	接物	劫夺	节文	结语	解说	介虫
	戒慎	戒谨	界限				
jin	矜高	矜肆	今日	金玉	谨独	谨守	紧要
	谨慎	进来	近理	进用	进入	近处	近着
	尽力	尽处	禁伏	禁止			
jing	精粗	精细	静深	敬爱	敬畏	敬谨	敬天
	敬重	敬忌	净尽				
jiu	久而	久长	久远	就里	疚病		
ju	居止	居室	居住	举用	聚财	聚敛	惧怕
juan	眷顾	眷念					
jue	决断	爵禄	爵位				
jun	均齐	君王	军马				
K							
kai	开说	开发	开悟				
kan	砍伐	看来	看见				
kao	考正	考证					
ke	可观	可取	可畏	可见	可化	可比	克尽
	克治						
ken	肯心	恳切	恳至				
keng	坑坎						
kong	空言	恐怕					
kou	口授						
ku	苦谏	苦虐					
kuai	快活	快乐	快速				
kuan	宽容	宽大	宽卹				
kui	盔甲	亏欠	愧怍				

kun	困苦					
L						
lao	劳苦	老人	老实			
le	乐于					
li	黎民	离间	礼节	里面	礼法	礼让	礼数
	礼仪	礼体	理会	理义	利益	立身	立心
	立政						
lian	怜悯						
liang	两旁						
liao	了也	了毕					
lie	列国	躐等					
lin	鳞虫	临了					
ling	陵虐						
liu	留心	流出	流动	流荡	流徙		
long	龙船						
lou	露出	漏泄					
lu	陆路						
lun	伦序						
luo	落后						
M							
man	谩人						
mao	毛髪	茂盛	冒犯				
mei	没事	每日	每常	美好	美德	美盛	昧心
men	门人						
meng	蒙帱						
mi	迷眩	蜜蜂					
mian	勉强	面前					

miao	妙法					
min	泯然	黾勉				
ming	名听	名声	名分	名字	明辨	明智	明白
	明日	明显	明着	明洁	命令		
mo	麽道	模样	末务	末梢			
mu	母亲	目前	木版	沐浴	慕外		

N

na	那里	那个
nan	南边	难易
nao	恼怒	
nei	内外	
nen	恁的（恁地）	
neng	能勾	
ni	溺爱	
nian	年代	年纪
ning	凝聚	宁可
nong	农闲	
nü	女子	女色
nuo	懦弱	

P

pan	判断				
pei	培养	配合			
pi	皮肤	譬如			
pian	偏向	偏辟	偏爱	偏私	偏倚
pin	品节	品物			
ping	平生	平常	平白	平稳	平日	平正	平易
	平治	评论					

pu	蒲苇					

Q

qi	栖皮	欺负	其间	其中	其实	其余	其次
	齐戒	起兵	起初	起来	起程	起处	气象
	器具	气质	气禀		器用	气臭	
qia	恰似						
qian	谦恭	前人	前贤	钱财	钱谷	前面	前代
	浅狭	浅近	浅深	欠缺			
qiang	强如	强勇	强健				
qie	切要						
qin	亲疏	亲族	亲爱	侵害	禽兽		
qing	清气	倾仆①	轻慢	轻重	轻贱	轻易	情分
	情性						
qiong	穷究	穷尽					
qu	屈伸	曲折	驱逐	取将	取容	取法	取敛
	取用	去处					
quan	全体	劝勉	劝谏				
que	阙文	阙少					

R

ran	然后						
rang	让位						
ren	人夫	人身	人家	人人	仁人	人欲	人主
	人性	人为	仁爱	仁德	仁厚	人害	认得
ri	日用						
rong	容人	容颜	容仪	容易	容受		

---

① 《大词典》释作"跌倒",直解中义为"(物体)倒下"。

ru	如今	如何	辱末			
rui	睿知					
run	润泽					
S						
san	散财					
sang	丧亡	丧服	丧失			
shan	山川	山上	山岳	擅自	善待	善恶	善人
shang	商贾	伤损	赏罚	赏赐	上天	上等	上下
	上头	上心	上面	上至	上去		
shao	少有					
she	舍置	设施	射箭			
shen	申重	身己	身里	身起	身上 身体 身子		深水
	深远	深处	深厚	深入	深密	甚麼	神明
	神灵	神位	神妙	甚的	审察	胜人	
sheng	声音	生知	生得	声名	生财	生成	生长
	生者	生意	生乱	生受	生育	声气	生物
	圣人						
shi	施为	师父	失去	失错	失望	十分	石头
	时时	时节	实理	食用	使令	使钱	使用
	始终	世间	视看	是非	蓍草	事功	事前
	事理	侍养	侍奉	事奉	事务	事物	势位
	世世	嗜好	是处				
shou	收服	收敛	手掌	手指	受用	寿数	
shu	殊俗	疏远	舒泰	疏斥	庶人	庶民	庶士
	庶几						
shuai	率性	帅领					
shuang	霜雪	霜露					

shui	水路	岁月	税粮			
shun	顺从	顺理	顺治			
shuo	说谎	说话				
si	思量	私欲	斯似	斯随	斯争	私下	私意
	思慕	死者	似乎	四方	四时	四旁	四海
	四季					
su	俗语					
sui	随顺					
suo	所谓	索要				
T						
ta	他人					
tai	抬举	太平	太祖			
tan	贪利	贪欲	坦然	探求		
teng	瘰痛					
ti	啼哭	体道	体念	体验	体面	体例
tian	天生	天道	天命	天理	田地	田苗
tiao	条理	条目				
ting	听候	停当				
tong	通称	通结	通行	通达	通透	同意	同道
	同气	统绪				
tou	头发	头儿	头目	投奔		
tu	徒弟					
tui	推致	推极	推却	退藏	退后	
tuo	托始					
W						
wai	歪斜	外夷	外国	外面	外物	
wan	完备	玩味	晚息	万民	万物	万万

wang	汪洋	王者	妄作			
wei	威严	微小	威武	微妙	危殆	为人	维持
	惟恐	违逆	违悖	违背	畏惧	未知	未达
	未免	畏服	畏敬	畏怕	位次		
wen	温和	温柔	温习	温厚	文书	文人	文谈
	文采	文字	文献				
wo	卧席						
wu	无非	无忧	无疆	无间	无穷	无疑	无礼
	无以	无惑	无妄	无益	无道	五人	五品
	武毅	五色	五谷	物件			

X

xi	西番	析理	息灭	媳妇	洗濯	喜悦	细微
	细务	系属					
xia	下民	下面	下至				
xian	先前	先王	先于	先自	先世	贤才	贤臣
	贤人	贤士	闲话	闲住	险阻	显显	显盛
	显明	显出	见在				
xiang	香气	相为	相反	相背	相聚	详细	详至
	详审	向前					
xiao	小的	小心	小学	小民	小人	小大	小看
	小觑	晓得	晓喻	孝道	孝心	孝行	孝服
	孝子	孝养	孝顺	效验	笑骂		
xie	些儿	谐和	邪正	写字			
xin	心思	心肝	心德	心里	心上	心志	心定
	信从	信任	信号	信实			
xing	兴兵	兴起	兴举	兴亡	兴王	刑法	刑罚
	刑戮	形迹	形容	形见	行事	行孝	行仁

	形性	形象	行止	省察	省得		
xiong	凶人	兄长	兄弟	凶器		
xiu	羞耻	修为	修治	休道	休要	
xu	虚无	须臾	虚假	须索	虚诈	许多	畜养
xuan	宣著	玄远				
xue	学房	学习	血气			
xun	寻思	寻常	询问			
Y						
yan	言行	言语	严谨	严肃	颜色	严密	眼前
	衍文	掩蔽	奄有	厌怠	厌恶	厌斁	厌悔
yang	仰慕	仰瞻	仰戴	样子		
yao	要求	要法				
ye	爷娘	也似	也者			
yi	一切	一日	一定	一样	一就	一步	一处
	一身	一生	一家	一时	一统	一心	一般
	一着	一向	一些	衣服	依顺	仪容	疑惑
	倚靠	已前	已久	已下	已后	以至	意儿
	意思	意气	意趣	异政	易见	易生	易于
	义理	义利				
yin	姻党	音乐	隐微	隐伏	引道	饮食	隐僻
ying	应事					
yong	咏叹	用心	用力	用度		
you	幽明	幽独	忧虑	悠远	幽暗	优裕	游玩
	由起	有余	有等	有用	有利	有位	有益
	友爱	右边				
yu	愚昧	余剩	谀悦	于内	语辞	雨露	与其
	预先	愈加				

yuan	元有	缘由	缘故	远远	远来	远近	远处
	远方	怨尤	怨气	怨愤	怨恨	怨怒	怨恶
	怨悔	怨心	愿慕				
yue	乐器	乐声					
yun	运行	运动					
Z							
zai	栽植	灾害	灾难	灾祸	宰相	在生	在先
	在家	在前	在意	在位	在上	在病	在外
	在下	在后					
zan	咱每	赞叹	赞美	赞助			
zang	葬埋						
zao	蚤晚	早起	造化	造塔			
ze	责难	则管					
zen	怎生	怎能	怎似				
zeng	憎嫌	憎恶					
zhan	占卜						
zhang	章著	长大	长上	长幼	长育		
zhao	昭然	招来	昭明	照见		昭著	
zhe	遮掩	遮莫	遮覆	遮盖	辙迹	这的	这般
	这等	这个					
zhen	真个	真是	振作				
zheng	争斗	整齐	整饬	整理	正心	正直	正如
	政令	政治	正礼	政事			
zhi	脂膏	知识	知得	知有	枝叶	知道	直到
	职事	止遏	至今	颠碍	制度	执持	执守
	指出	纸札	只管	只有	只是	只要	至极
	制作	志量	至好	祗待	质证		

zhong	终身	众理	忠爱	忠厚	忠顺	忠信	中间
	种类	种树	种养	众盛			
zhou	周流	昼夜					
zhu	诸般	逐一	竹简	竹片	主人	主张	主宰
zhuai	拽船						
zhuan	专一	撰造					
zhuang	妆饰						
zhui	队落	坠落					
zhun	准则	准备					
zhuo	卓立	卓然	浊气	酌量			
zi	滋味	滋长	滋养	资禀	子爱	子孙	
	字书	自欺	自谦	自家	自得	自身	自当
	自然	自己	自古	自累	自蔽	自纵	自谓
zong	宗族	总结					
zu	足以	祖宗	祖先	祖上			
zui	罪名	罪过					
zun	遵依	尊称	尊卑	尊长	遵守	尊礼	尊位
	撙节	遵用	尊信				
zuo	左边	左右	做出	做贼	作乱	作歹	做作
	做造	坐地	坐次				

《孝经直解》校点繁体本（元·贯云石）

《孝經直解》自序

子曰："人之行莫大於孝。"又云："移風易俗，莫善於樂，安上治民，莫善於禮，一□□□□五刑莫大之罪。"是故，《孝經》一書實聖門大訓。學者往往得之於口，失之於心，而況愚民蒙昧，安可以文字曉之。古之孝者，父母愛之，喜而不忘；父母惡之，勞而不怨，猶常禮之孝也；立身、行道、揚名於後世者，其猶遠哉！嘗觀魯齋先生取世俗之言，直說《大學》，至於耘夫蕘子皆可以明之。世人□之以寶，士夫無有非之者。於以見魯齋化□成俗之意，於風化豈云小補？愚末學輒不自□，僭效直說《孝經》，使匹夫匹婦皆可曉達，明於孝悌之道。庶幾愚民稍知理義，不陷於不孝之□。初非敢為學子設也。或曰："汝得無欲比肩魯齋公乎？"予曰："奚敢。"又曰："侮聖人之言乎？"予曰："豈敢。"時至大改元，孟春既望，宣武將軍兩淮萬戶府達魯花赤小雲石海涯北庭成齋自敘。

開宗明義章第一

（開發本宗顯明義理的一章。）

仲尼居，

（仲尼是孔夫子的表德，居是孔子閑住的時分。）

曾子侍。

（孔子徒弟姓曾名參，根前奉侍來。）

子曰：

（孔子說。）

“先王有至德要道，

（在先的聖人有至好的德、緊要的道理。）

以順天下。

（以這个勾當順治天下有。）

民用和睦，

（百姓每自順和順有。）

上下無怨。

（上下全都無怨心有。）

汝知之乎？”

（你省得麼？）

曾子避席曰：

（曾子起來說道是。）

“參不敏，何足以知之？”

（我不省得，怎能知道着？）

子曰：

（孔子說。）

“夫孝，德之本也，

（孝道的勾當，是德行的根本有。）

教之所由生也。

（教人的勾當先從這孝道裏生出來。）

復坐，吾語汝。

（你再坐地，我說與你。）

身體髮膚，受之父母，不敢毀傷，孝之始也。

（身體頭髮皮膚從父母生的，好生愛惜者，休教傷損者麼道。阿的是孝道的為頭兒、合行的勾當有。）

立身行道，揚名於後世，以顯父母，孝之終也。

（卓立身己，行的好勾當，留得好名聽，著後人知道呵。這般上頭顯得咱每父母名聽有。這般呵，是一生的孝道了也。）

夫孝，

（這孝道的勾當。）

始於事親，

（在起初時，在意扶侍父母。）

中於事君，

（中間裏，在意扶侍官裏。）

終於立身。

（這孝順父母的、扶侍官裏的兩件兒勾當了呵，自家身裏自然立者也。）

大雅云：

（孔子再把《毛詩》裏言語說。）

'無念爾祖，聿修厥德。'"

（休道不尋思你祖上，依著你祖上行好勾當著。）

天子章第二

（這一章說官裏合行的勾當。）

子曰：

（孔子說。）

"愛親者不敢惡於人，

（存著自家愛父母的心呵，也不肯將別人來小看有。）

敬其親者不敢慢於人。

（存著自家敬父母的心呵，也不肯將別人來欺負有。）

愛敬盡於事親，而德教加於百姓，刑於四海。

（將這兩件兒先父母根底行呵，四海百姓把我的這德行教道做体例的一般行有。）

　　蓋天子之孝也。

（阿的是天子行孝的勾當有。）

　　甫刑云：

（又把《尚書》裏言語說。）

　　'一人有慶，兆民賴之。'"

（官裏一人的是呵，天下百姓都托著洪福裏行有。）

諸侯章第三

（這一章說大官人每行的勾當。）

　　"在上不驕，高而不危。

（在人頭上行呵，常常的把心行著麼道。這般呵，自家的大名分也不落後了有。）

　　制節謹度，滿而不溢。

（大使錢的勾當休做著，小心依著法度行者。這般呵，便似一□滿的水，手裏在意拿著呵，也不溉了。）

　　高而不危，所以長守貴也。滿而不溢，所以長守富也。

（這兩件兒勾當的呵，富貴常常的有。）

　　富貴不離其身，然後能保其社稷而和其民人。

（這富貴不離了咱每的身起呵，自管的田地百姓每都常常存得有。）

　　蓋諸侯之孝也。

（阿的是諸侯大官人每行孝道的勾當有。）

　　詩云：

（再說《毛詩》。）

　　'戰戰兢兢，如臨深淵，如履薄冰。'"

（這般小心，常常怕的一般呵。便似在深水薄冰上行，則怕有失錯的一般有著。）

卿大夫章第四

（這一章說諸侯以下名分的人。）

"非先王之法服不敢服，

（不是在先聖人制下有法度的衣服不敢穿有。）

非先王之法言不敢道，

（不是在先聖人說下的好言語不敢說有。）

非先王之德行不敢行。

（不是在先聖人行的好勾當不敢行有。）

是故非法不言，非道不行。

（為這般上頭呵，無法度的言語休說，无道理的勾當不行有。）

口無擇言，身無擇行，

（既是無法度的言語不說，無道理的勾當不行呵，但是口裏說的、身上行的，不索揀擇，卻都是好有。）

言滿天下無口過，行滿天下無怨惡。

（這般呵，口裏言語遍天下也不錯了，行的勾當遍天下呵，也無怨咱每的。）

三者備矣，然後能守其守廟。

（穿的衣服、說的言語、行的勾當三件兒不差了，這般好的人呵，不壞了自家祖宗家廟的祭奠有。）

蓋卿大夫之孝也。

（阿的是卿大夫孝道行的勾當有。）

詩云：

（再說《毛詩》。）

'夙夜匪懈，以事一人。'"

（那卿大夫早起晚息，休怠慢，官裏根底扶侍著。）

士章第五

（這一章說卿大夫以下名分的人。）

"資於事父以事母，而愛同；

（將那孝順父的心來孝順母親，心裏一般愛有。）

資於事父以事君，而敬同；

（將那孝順父的心來孝順官裏呵，心裏一般敬有著。）

故母取其愛而君取其敬，兼之者父也。

（母親根底愛的心，官裏根底敬的心，這兩件兒父親根底都有著。）

故以孝事君則忠，

（將那孝順的心官裏行呵，便是順有。）

忠順不失以事其上，然後能保其祿位而守其祭祀。

（這忠順的勾當不落後了呵，能勾得自家的名分，守得自家祖先祭奠礼有。）

蓋士之孝也。

（阿的是士行的道理。）

詩云：

（再說《毛詩》。）

'夙興夜寐，無忝爾所生。'"

（早起的時分晚睡的時分，常常尋思，休教辱末了父母著。）

庶人章第六

（這一章說庶民百姓的。）

"用人之道，

（天的四時種養的道理不落後了。）

分地之利，

（分揀得田地上種養的五穀。）

謹身節用以養父母，

（自家的身起謹慎少使用了呵，孝養父母著。）

此庶人之孝也。

（阿的是庶民百姓每行孝道的勾當。）

故自天子至於庶人，孝無始終。而患不及者，未之有也。"

（上至官裏下至百姓一体例，長遠行孝道。這般呵，怕有別个不到處呵，也少有。）

三才章第七

（這一章說天地人着。）

曾子曰："甚哉，孝之大也。"

（曾子說這孝道是最大的勾當。）

子曰："夫孝，天之經也，地之義也，民之行也。

（孔夫子說，這孝道在天是經，在地是義，在人呵，便是德行有。）

天地之經而民是則之，

（天的經，地的義，常有人仿著天地行孝呵，常常的有著。）

則天之明，因地之利，以順天下，

（依著天地的道理順治天下百姓有。）

是以其教不肅而成，其政不嚴而治。

（這般呵，行的教道政事不須著嚴肅，也自家成有。）

先王見教之可以化民也，

（在前的聖人，見得這教道化得百姓有。）

是故先之以博愛，而民莫遺其親；

（在上的人先行孝道呵，百姓孝著，父母根底也不肯教落後了。）

陳之以德義，而民興行；

（將這好的勾當開說與百姓，也便依著行有。）

先之以敬讓，而民不爭；

（在上的人大模樣的勾當不行，哏和順，教得百姓每都無廝爭的勾當有。）

導之以禮樂，而民和睦；

（教的有礼數，廝擡舉呵，百姓每自和睦有。）

示之以好惡，而民知禁。

（好的歹的勾當先教知道呵，百姓自家怕也有。）

詩云：

（再說《毛詩》。）

'赫赫師尹，民具爾瞻。'"

（大人行的好体面的勾當著，百姓每看著。）

孝治章第八

（這一章說著孝道治天下。）

子曰："昔者，明王之以孝治天下也，不敢遺小國之臣，而況於公侯伯子男乎！故得萬國之歡心，以事其先王。

（孔子說，先將孝道治天下著，小名分的人不著落後了，休道是大名分人有。因這般上頭得那普天下歡喜的心，把祖先祭祀呵，也不枉了。）

治國者不敢侮於鰥寡，而況於士民乎！故得百姓之歡心，以事其先君。

（各處諸侯管著的地面，最窮的人不著落後了，休道官人每和百姓每。因這般上頭得百姓歡喜的心，把祖上祭奠呵，不枉了有。）

治家者不敢失於臣妾，而況於妻子乎！故得人之歡心，以事其親。

（官人每各自家以下的人不著落後了，休道媳婦孩兒。因這般上頭得一家人歡喜，奉侍父母呵，不枉了有麼道。）

夫然，故生則親安之，祭則鬼享之。

（因這的上頭，父母在生時著受用咱每奉侍者，死了呵，著受用咱每祭奠者。）

是以天下和平，災害不生，禍亂不作。

（這般呵，天下都太平，百姓每无災難有。）

故明王之以孝治天下也如此。

（阿的是聖人治的天下這般好有。）

詩云：

（再說《毛詩》。）

‘有覺德行，四國順之。’”

（聖人有大德行呵，四方都依順有。）

聖治章第九

（這一章說聖人孝治。）

曾子曰：“敢問聖人之德無以加於孝乎？”

（曾子問孔子道，聖人行的事莫不更有強如孝道的勾當麼？）

子曰：“天地之性人為貴，

（孔子回說天地內人最貴有。）

人之行莫大於孝，

（人的勾當都无大似孝的事。）

孝莫大於嚴父，

（孝的勾當都无大似父親的。）

嚴父莫大於配天，

（敬父親的勾當便似敬天一般。）

則周公其人也。

（在先聖人有个周公的名字，曾這般行來。）

昔者，周公郊祀後稷以配天，宗祀文王於明堂以配上帝，是以四海之內各以職來祭。

（那周公是周武王的宰相，拜郊的時將他周家的祖與天一處祭呵，天下諸侯都來添氣力祭奠有來。）

夫聖人之德又何以加於孝乎？

（聖人行的事，無大似孝的勾當有。）

故親生之膝下以養父母曰嚴，聖人因嚴以教敬，因親以教愛。

（孩兒每長大呵，那一箇無孝順父母的心。聖人因他有這般心呵，就教他每愛親敬君，有勾當有。）

聖人之教不肅而成，其政不嚴而治，其所因者本也。

（因這般呵，聖人行的教道政事不須嚴肅呵，自家成有。是他根腳裏元有那個孝順的心來。）

父子之道，天性也，君臣之義也。

（父子那的道理是天生的性，因這上頭有君臣敬重。）

父母生之，續莫大焉；

（父母生孩兒，接續最大有。）

君親臨之，厚莫重焉。

（父母的恩便似官裏的恩一般重有。）

故不愛其親而愛他人者，謂之悖德；不敬其親而敬他人者，謂之悖禮。

（這般呵，把自家父母落後了，敬重別人呵，阿的不是別了孝道的勾當那甚麼。）

以順則逆，民無則焉。

（本合孝順父母，咱自別了呵，百姓著甚麼體例行有。）

不在於善而皆在於凶德，雖得之，君子不貴也。

（不在好勾當上行，反在歹勾當上行，便得富貴呵，也不是好人有。）

君子則不然，

（好人那裏肯。）

言思可道，行思可樂，

（思量好言語說，著人歡喜。做好勾當。）

德義可尊，作事可法，

（行好勾當，著人敬著。做好的事，著人孝著。）

容止可觀，進退可度，

（好体面，著人看者。好行止，著人依著。）

以臨其民。是以其民畏而愛之，則而象之，故能成其德教而行其政令。

（把這勾當近著百姓，又著怕者、愛者、孝者。這般呵，教道成了，政事行了。）

詩云：

（把《毛詩》說。）

'淑人君子，其儀不忒。'"

（善的人体面不差了。）

紀孝行章第十

（這一章說孝子。）

子曰："孝子之事親也，居則致其敬；

（孔子說，孝順底孩兒在家侍奉父母呵，敬重的心有著。）

養則致其樂；

（侍奉呵，歡喜的心有著。）

病則致其憂；

（父母在病呵，煩惱的心有著。）

喪則致其哀；

（父母沒了呵，哀痛的心有著。）

祭則致其嚴。

（祭奠呵，把礼嚴謹的心有著。）

五者備矣，然後能事親。

（這五件若都完備了呵，孝順的勾當不有那甚麼！）

事親者居上不驕，為下不亂，在醜不爭。

（是孝順的人，名分在上呵，不肯傲人；在下呵，不敢作亂；在眾人中呵，不敢爭鬥。是好勾當有著。）

居上而驕則亡，為下而亂則刑，在醜而爭則兵。

（在上的傲人呵，名分失了。在下的作亂呵，有罪過有。眾人中爭鬥呵，有傷損有。）

三者不除，雖日用三牲之養，猶為不孝也。"

（這三件兒歹勾當不去了呵，每日家怎生般飲食奉養，雖恁地呵，也是不孝順的一般。）

五刑章第十一

（此章說五等刑法。）

子曰："五刑之屬三千，而罪莫大於不孝。

（孔子說，五等刑法三千件罪名，其間不孝順的罪過最大有。）

要君者無上，

（不依本分，放黨在上的人呵，便似沒上的一般有。）

非聖人者無法，

（聖人的勾當反道不是，便似沒聖人的一般。）

非孝者無親。

（孝順的勾當反道不是，便似沒父母的一般。）

此大亂之道也。"

（這三件元是大作亂的反勾當有，阿的便是不孝的大罪過。）

廣要道章第十二

（這一章說廣宜緊要道理。）

子曰："教民親愛，莫善於孝；

（孔子說，教百姓每親愛的勾當，孝順父母的最好有。）

教民禮順，莫善於悌；

（教百姓和順的勾當，敬重哥哥人的最好有。）

移風易俗，莫善於樂；

（改移的風俗好呵，著百姓情性不邪，常常的和氣有著。）

安上治民，莫善於禮。

（上下的道理不差了呵，常常的把理行有。）

禮者，敬而已矣。

（礼的是敬重的勾當。）

故敬其父則子悅，敬其兄則弟悅，敬其君則臣悅，敬一人而千萬人悅。

（這般敬重他父呵，孩兒歡喜。敬重他哥哥呵，兄弟歡喜。敬重他在上人呵，已下歡喜，敬重天子呵，天下人都歡喜。）

所敬者寡而悅者眾，此之謂要道也。"

（敬重的人少，歡喜的人多，阿的是緊要道理有。）

廣至德章第十三

（這一章說廣宣德行的。）

子曰："君子之教以孝也，非家至而日見之也。

（孔子說，君子的人教百姓行孝道呵，不索每一家裏到，每日家裏說有。）

教以孝，所以敬天下之為人父者也；教以悌，所以敬天下之為人兄者也；教以臣，所以敬天下之為人君者也。

（教他敬父母呵，便是教敬重天下的老人。教他敬哥哥，便是教重天下年紀大的人。教他事奉在上人，便是敬君的道理。）

詩云：

（把《毛詩》說。）

'愷悌君子，民之父母。'

（好的君子人教人有礼呵，是百姓每父母一般。）

非至德，其孰能順民如此其大者乎！"

（不是有德行的君子呵，怎生教的百姓這般大的好勾當有。）

廣揚名章第十四

子曰："君子之事親孝，故忠可移於君；事兄悌，故順可移於長；居家理，故治可移於官。

（孔子說，孝順父母呵，孝順得官裏。敬重得哥哥呵，敬重得老人。家法治得好呵，官司事也行的好。）

是以行成於內而名立於後世矣。"

（這般呵，自家身已立，得好後世的名。）

諫諍章第十五

（這一章說勸諫的勾當。）

曾子曰："若夫慈愛、恭敬、安親、揚名則聞命矣。敢問子從父之令可謂孝乎？"

（曾子問孔夫子，這孝道都省得了也，這孩兒每依著父母行呵，父母有不是處不諫呵，中那不中？）

子曰："是何言與？是何言與？

（孔子說，你說甚言語？）

昔者天子有爭臣七人，雖無道不失其天下；

（古來官裏立下七個肯勸諫的人呵，雖有差的勾當呵，也便改正，不失了天下有。）

諸侯有爭臣五人，雖無道不失其國；

（大官人立下五個肯勸諫的人呵，雖有差的勾當呵，也便改正，不失了管的地面。）

大夫有爭臣三人，雖無道不失其家；

（小名分的官人每立下三個肯勸諫的人呵，有差的勾當也便改正，不失了一家名分者。）

士有爭友，則身不離於令名；父有爭子，則身不陷於不義。

（好的人有肯勸諫的伴當呵，身己上長有好的名听有。父母有苦勸諫的孩兒呵，身己不落在歹名听裏。）

故當不義則子不可以不爭於父，臣不可以不爭君。

（這般的但有差錯處，孩兒每便索勸諫父母，臣寮每便索勸諫官裏。）

故當不義則爭之，從父之令又焉得為孝乎！”

（孔子再說父母但有不是處呵，急急的索苦諫了著。這般不諫，則管順著錯處行呵，便是孩兒陷了父母也。怎生是孝有。）

感應章第十六

（這一章說行孝有報應的勾當。）

子曰：“昔者，明王事父孝，故事天明；事母孝，故事地察；長幼順，故上下治。

（在先聖人孝順父母呵，便省得天地的道理。一家小大和順呵，便整理得上下的勾當有。）

天地明察，神明彰矣。

（省得天地的道理呵，自然有福有。）

故雖天子必有尊也，言有父也；必有先也，言有兄也。

（這般呵，雖是官裏呵，也有大的，是父親。也有个在前的，是哥哥。）

宗廟致敬，不忘親也。修身慎行，恐辱先也。

（祭奠呵，不忘了父母有。小心行呵，不辱末了祖上有。）

宗廟致敬，鬼神著矣。

（家裏立著祭奠處，常常敬重祖先的神靈，有的一般。）

孝悌之至，通於神明，光於四海，無所不通。

（孝順父母、敬重哥哥的勾當都行到盡処呵，好的名听神明知道，四海都知道，那一処行不將去。）

詩云：

（把《毛詩》說。）

‘自西自東，自南自北，無思不服。’”

（有德行的人四方都向著有。）

事君章第十七

（這章說服事官裏的勾當。）

子曰：“君子之事上也，進思盡忠，退思補過，將順其美，匡救其惡，故上下能相親也。

（孔子說，好的人服事官裏呵，向前思量公心向官裏的勾當，退後思量休教官裏有過失時勾當。好處將就行者，歹處當著整理者。這般呵，上下都一心有。）

詩云：

（把《毛詩》說。）

‘心乎愛矣，遐不謂矣。中心藏之，何日忘之。’”

（官裏根底敬愛，遠田地裏去呵，心裏也有。既是心裏有呵，不揀幾時忘不了。）

喪親章第十八

（這一章說父母沒了時的勾當。）

子曰："孝子之喪親也，哭不偯，禮無容，言不文，服美不安，聞樂不樂，食旨不甘。此哀感之情也。

（孔子說，孝子沒了父母時分，啼哭呵，無做作的声氣；把礼呵，無妝飾的容顏；言語呵，無文談；穿好衣服呵，不安穩；听樂声呵，不歡喜；喫茶飯呵，不美。阿的便是他煩惱的情分。）

三日而食，教民無以死傷生，毀不滅性，此聖人之政也。

（三日已後索要吃些茶飯，教他休要因死的傷了活的。癠痛心休教抵死過當著。這的是聖人教人行孝的法度。）

喪不過三年，示民有終也。

（則教持三年孝服，教百姓知人盡的時節。）

為之棺槨、衣衾而舉之；

（安排棺槨和就裏的衣服，覆盖着好者。）

陳其簠簋而哀感之；

（擺列祭器祭奠呵，好生痛煩惱著。）

擗踴哭泣，哀以送之；

（兒孩兒、女孩兒行者哭者送出去著。）

卜其宅兆而安措之；

（揀著好地面裏安葬著。）

為之宗廟以鬼享之；

（家裏安排著家廟，似鬼神的礼一般祭奠者。）

春秋祭祀以時思之。

（春裏秋裏祭奠不缺，好時時間心中思量著。）

生事愛敬，死事哀慼，生民之本盡矣，死生之義備矣，孝子之事親終矣。"

（父母在生時孝順侍奉著，死了的時，癠痛安葬祭奠者。這般為人，報答父母的心了畢也。）

《经筵讲议》校点繁体本（元·吴澄）

《經筵講議》之一"帝範君德"

夫民乃國之本，國乃君之體。人主之體，如山嶽焉，高峻而不動；如日月焉，圓明而普照；兆庶之所瞻望，天下之所歸仰。寬大其志，足以兼包；平正其心，足以斷制。非威德無以致遠，非慈厚無以懷人。撫九族以仁，接大臣以禮，奉先思孝，處位思恭，側己勤勞，以行德義，此乃君之體也。

唐太宗是唐家哏好底皇帝，為教太子底上頭，自己撰造這一件文書，說著做皇帝底體面。為頭兒說做皇帝法度，這是愛惜百姓最緊要勾當。國土是皇帝底根本，皇帝主著天下，要似山嶽高大，要似日月光明，遮莫那裏都照見有。做著皇帝，天下百姓看著，都隨順著。行的好勾當呵，天下百姓心裏哏快樂有；行的勾當不停當呵，天下百姓失望。一般志量要寬大著，寬大呵，便容得人；心要平正著，平正呵，處得事務停當。非威武仁德，遠田地國土怎生肯來歸附？非慈愛忠厚的心，百姓怎生感戴？皇帝的宗族，好生親愛和睦者，休教疏遠者；朝廷大官人每，好生祗待，休輕慢者；奉祀祖宗的上頭，好生盡孝心者；坐著大位次裏，好生謙恭近理，休怠慢者；揀好底勾當盡力行者，這是做皇帝的體面麼道。

《經筵講議》之二"通鑒"

漢高祖至咸陽，悉召諸縣父老豪傑，謂曰："父老苦秦苛法久矣，吾當王關中，與父老約法三章：殺人者死，傷人及盜抵罪，餘悉除秦苛法。吏民按堵如故。凡吾所以來者，非有所侵暴，毋恐。"

漢高祖姓劉名邦，為秦始皇二世皇帝的時分好生沒體例的勾當做來，苦

虐百姓來，漢高祖與一般諸侯只為救百姓，起兵收服了秦家。漢高祖的心只
為救百姓，非為貪富貴來。漢高祖初到關中，喚集老的每、諸頭目每來，說：
"你受秦家苦虐多時也，我先前與一般的諸侯說，先到關中者王之。我先來了
也，與父老約法三章：殺人者死，傷人及盜者隨他所犯輕重要罪過者，其餘
秦家的刑法都除了者。"當時做官的、做百姓的，心裏哏快活有。大概天地
的心只要生物，古來聖人為歹人曾用刑罰來，不是心裏歡喜做來。孟子道不
愛殺人的心廝似，前賢曾說這道理來，只有漢高祖省得這道理來，漢家子孫
四百年做皇帝。我世祖皇帝不愛殺人的心與天地一般廣大，比似漢高祖，不
曾收服的國土今都混一了。皇帝依著世祖皇帝行呵，萬萬年太平也者。

引书目录

[1] 阮元校刻. 十三经注疏［M］. 北京：中华书局，1980.

[2] 国学整理社. 诸子集成［M］. 北京：中华书局，1986.

[3] 徐元诰. 国语集解［M］. 王树民，沈长云点校. 北京：中华书局，2002.

[4] 司马迁. 史记［M］. 裴骃集解，司马贞索隐，张守节正义. 北京：中华书局，1982.

[5]（西汉）刘向编著. 新序校释［M］. 石光瑛校释. 北京：中华书局，2001.

[6]（东汉）应劭撰. 风俗通义校注［M］. 王利器校注. 北京：中华书局，1981.

[7]（东汉）班固撰. 汉书［M］.（唐）颜师古注. 北京：中华书局，1962.

[8]（东汉）刘珍等撰. 东观汉记校注［M］. 吴树平校注. 北京：中华书局，2008.

[9]（晋）干宝撰. 新辑搜神记［M］. 李剑国辑校. 北京：中华书局，2007.

[10]（晋）陶潜撰. 新辑搜神后记［M］. 李剑国辑校. 北京：中华书局，2007.

[11]（晋）葛洪撰. 抱朴子内篇校释（增订本）［M］. 王明注. 北京：中华书局，1996.

[12]（晋）葛洪撰. 抱朴子外篇校笺［M］. 杨明照校笺. 北京：中华书局，

1997.

　　［13］（晋）陈寿撰.三国志［M］.（刘宋）裴松之注.北京：中华书局，
1999.

　　［14］（晋）常璩撰.华阳国志校注［M］.刘琳校注.成都：巴蜀书社，
1984.

　　［15］（北魏）贾思勰撰.齐民要术校释（第2版）［M］.缪启愉校释.北京：
中国农业出版社，1998.

　　［16］（刘宋）范晔撰.后汉书［M］.（唐）李贤等注.北京：中华书局，
1965.

　　［17］（梁）萧子显撰.南齐书［M］.北京：中华书局，1972.

　　［18］（清）严可均校辑.全上古三代秦汉三国六朝文［M］.北京：中华
书局，1965.

　　［19］逯钦立辑校.先秦汉魏晋南北朝诗［M］.北京：中华书局，1983.

　　［20］鲁迅辑.古小说钩沉［M］.北京：人民文学出版社，1973.

　　［21］（唐）王梵志著.王梵志诗校注［M］.项楚校注.上海：上海古籍出
版社，1991.

　　［22］（唐）寒山.寒山诗注（附拾得诗注）［M］.项楚注.北京：中华书局，
2000.

　　［23］［日］释圆仁原著.入唐求法巡礼行记校注［M］.白化文，李鼎霞，
许德楠校注.石家庄：花山文艺出版社，2007.

　　［24］（唐）李延寿撰.南史［M］.北京：中华书局，2000.

　　［25］（清）彭定求等编纂.全唐诗［M］.北京：中华书局，1960.

　　［26］（清）董诰等编.全唐文［M］.北京：中华书局，1983.

　　［27］陈尚君辑校.全唐诗补编［M］.北京：中华书局，1992.

　　［28］丁如明等校点.唐五代笔记小说大观［M］.上海：上海古籍出版社，
2000.

　　［29］（唐）段成式撰.酉阳杂俎［M］.方南生点校.北京：中华书局，

1981.

[30]（唐）牛僧孺、（唐）李复言撰.玄怪录、续玄怪录［M］.程毅中点校.北京：中华书局，2006.

[31]（唐）张读撰.宣室志［M］.张永钦，侯志明点校.北京：中华书局，1983.

[32]黄征，张涌泉校注.敦煌变文校注［M］.北京：中华书局，1997.

[33]（南唐）静，筠二禅师编撰.祖堂集［M］.孙昌武,（日）衣川贤次,（日）西口芳男点校.北京：中华书局，2007.

[34]刘坚，蒋绍愚主编.近代汉语语法资料汇编（唐五代卷）［M］.北京：商务印书馆，1990.

[35]刘坚，蒋绍愚主编.近代汉语语法资料汇编（宋代卷）［M］.北京：商务印书馆，1995.

[36]李时人，蔡镜浩校注.大唐三藏取经诗话校注［M］.北京：中华书局，1997.

[37]（宋）程颢，程颐著.二程集（第2版）［M］.王孝鱼点校.北京：中华书局，2004.

[38]（宋）孟元老撰.东京梦华录注［M］.邓之诚注，北京：中华书局，1982.

[39]（宋）吴自牧撰.梦粱录［M］.杭州：浙江人民出版社，1980.

[40]（宋）灌园耐得翁撰.都城纪胜［M］.上海：上海古籍出版社，1993.

[41]（宋）释文莹撰.玉壶清话［M］.宋元笔记小说大观（第二册），上海：上海古籍出版社，2007.

[42]（宋）司马光编著.资治通鉴［M］.（元）胡三省音注，北京：中华书局，1963.

[43]（宋）苏轼.苏轼集［M］.陶文鹏，郑园编选.南京：凤凰出版社，2006.

［44］余冠英等主编.唐宋八大家全集［M］.北京：国际文化出版公司，1997.

［45］（宋）普济撰.五灯会元［M］.苏渊雷点校.北京：中华书局，1997.

［46］（宋）李昉等编.太平广记［M］.北京：中华书局，1995.

［47］（宋）黎靖德编.朱子语类［M］.王星贤点校.北京：中华书局，1994.

［48］（宋）朱熹四书章句集注［M］.北京：中华书局，1983.

［49］唐圭璋编纂，王仲闻参订，孔凡礼补辑.全宋词［M］.北京：中华书局，1999.

［50］（宋）徐梦莘撰.三朝北盟会编［M］.上海：上海古籍出版社，2008.

［51］吴晓铃，范宁，周妙中选注话本选［M］.北京：人民文学出版社，1984.

［52］蓝立蓂校注刘知远诸宫调校注［M］.成都：巴蜀书社，1990.

［53］（金）董解元著.古本董解元西厢记［M］.上海：上海古籍出版社，1984.

［54］《古本小说集成》编委会编.五代史平话［M］.上海：上海古籍出版社，1994.

［55］徐沁君校点新校元刊杂剧三十种［M］.北京：中华书局，1980.

［56］陈高华等点校.元典章［M］.天津：天津古籍出版社，2011.

［57］（元）吴澄撰.临川吴文正公集［M］.元人文集珍本丛刊本，（台湾）新文丰出版公司，1985.

［58］（元）吴澄撰.吴文正集［M］.（元）吴澄撰.文津阁四库全书本，北京：商务印书馆，2005.

［59］（元）许衡撰.鲁斋遗书［M］.（明）怡愉辑，明万历二十四年怡愉、江学诗刻本，藏南京大学图书馆.

［60］（元）许衡撰．鲁斋遗书［M］．（元）许衡撰．文津阁四库全书本，北京：商务印书馆，2005.

［61］（元）许衡撰．许文正公遗书［M］．（元）许衡撰．清乾隆五十五年怀庆堂刻本．

［62］（元）许衡撰．许衡集［M］．（元）许衡撰．王成儒点校．北京：东方出版社，2007.

［63］（元）陶宗仪撰．南村辍耕录［M］．上海：上海书店，1985.

［64］（元）贯云石．新刊全相成斋孝经直解［M］．北京：来薰阁，1938.

［65］（元）贯云石．贯云石作品辑注［M］．胥惠民等辑注，乌鲁木齐：新疆人民出版社，1986.

［66］（元）贯云石．元版孝经直解［M］．（日）太田辰夫，佐藤晴彦整理，汲古书院，1996.

［67］蔡美彪编著．元代白话碑集录［M］．北京：科学出版社，1955.

［68］（元）高明著．元本琵琶记校注［M］．钱南扬编，上海：上海古籍出版社，1980.

［69］王季思主编．全元戏曲［M］．北京：人民文学出版社，1990.

［70］隋树森编．全元散曲［M］．北京：中华书局，1981.

［71］（明）宋濂等撰．元史［M］．北京：中华书局，1997.

［72］刘坚，蒋绍愚主编．近代汉语语法资料汇编（元代明代卷）［M］．北京：商务印书馆，1995.

［73］汪维辉编．朝鲜时代汉语教科书丛刊［M］．北京：中华书局，2005.

［74］（明）施惠著．幽闺记［M］．北京：中华书局，1959.

［75］（明）汤显祖著．牡丹亭［M］．北京：人民文学出版社，1963.

［76］钱南扬校注．永乐大典戏文三种校注［M］．北京：中华书局，2009.

［77］（明）罗贯中著．三遂平妖传［M］．北京：北京大学出版社，1983.

［78］（明）施耐庵，罗贯中著．水浒传［M］．北京：人民文学出版社，1997.

［79］（明）吴承恩著.西游记［M］.北京：人民文学出版社，1980.

［80］（明）罗贯中著.三国演义［M］.北京：人民文学出版社，1985.

［81］（明）兰陵笑笑生著.金瓶梅词话［M］.戴鸿森校注，北京：人民文学出版社，1985.

［82］（明）凌蒙初著.初刻拍案惊奇［M］.北京：人民文学出版社，1999.

［83］（明）凌蒙初著.二刻拍案惊奇［M］.北京：人民文学出版社，1999.

［84］（明）冯梦龙，（清）王廷绍，华广生编述.明清民歌时调集［M］.上海：上海古籍出版社，1987.

［85］（明）冯梦龙编著.醒世恒言［M］.北京：人民文学出版社，1999.

［86］（明）冯梦龙编著.喻世明言［M］.北京：人民文学出版社，1999.

［87］（明）冯梦龙编著.警世通言［M］.北京：人民文学出版社，1999.

［88］（明）陆人龙著.型世言［M］.北京：中华书局，1993.

［89］（明）李开先著.一笑散［M］.叶枫校订，北京：文学古籍刊行社，1955.

［90］（明）李开先著.宝剑记［M］.古本戏曲丛刊（初集），北京：文学古籍刊行社，1959.

［91］（明）冯惟敏著.海浮山堂词稿［M］.上海：上海古籍出版社，1981.

［92］（明）许仲琳编.封神演义（百回本）［M］.北京：人民文学出版社，1973.

［93］（明）贾凫西著.贾凫西木皮词校注［M］.关德栋，周中明校注，济南：齐鲁书社，1982.

［94］（清）西周生著.醒世姻缘传［M］.黄肃秋校注，上海：上海古籍出版社，1981.

［95］盛伟编.蒲松龄全集［M］.上海：学林出版社，1998.

［96］（清）曹雪芹，高鹗著．红楼梦［M］．北京：人民文学出版社，2000.

［97］（清）李渔著．觉世名言十二楼［M］．南京：江苏古籍出版社，1991.

［98］（清）李绿园著．歧路灯［M］．栾星校注，郑州：中州书画社，1980.

［99］（清）吴敬梓著．儒林外史［M］．李汉秋校点，杜维沫注释，北京：中华书局，1999.

［100］（清）桂馥著．札朴［M］．赵智海点校．北京：中华书局，1992.

［101］（清）文康著．儿女英雄传［M］．北京：人民文学出版社，1983.

［102］（清）陈森撰．品花宝鉴［M］．北京：中华书局，2004.

［103］（清）石玉昆编三侠五义［M］．赵景深修订，上海：上海古籍出版社，1980.

［104］（清）韩邦庆著．海上花列传［M］．北京：人民文学出版社，1982.

［105］（清）李宝嘉著．官场现形记［M］．北京：人民文学出版社，1957.

［106］（清）刘鹗著．老残游记［M］．北京：人民文学出版社，1982.

［107］（清）狄岸山人撰．平山冷燕［M］．南宁：广西人民出版社，1988.

［108］（清）李修行编次梦中缘［M］．北京：北京师范大学出版社，1993.

［109］（清）江荫香著．绘图九尾狐［M］．沈阳：春风文艺出版社，1993.

［110］（清）张春帆著．九尾龟［M］．济南：齐鲁书社，1993.

［111］朱瘦菊著．歇浦潮［M］．上海：上海古籍出版社，1991.

［112］［英］威妥玛著．语言自迩集——19世纪中期的北京话［M］．张卫东译，北京：北京大学出版社，2002.

参考文献

一、专著

［1］北京大学中国语言文学系语言学教研室编.汉语方言词汇（第二版）［M］.北京：语文出版社，2005.

［2］曹广顺.近代汉语助词［M］.北京：语文出版社，1995.

［3］常敬宇.汉语词汇文化（增订本）［M］.北京：北京大学出版社，2009.

［4］陈宝勤.汉语造词研究［M］.成都：巴蜀书社，2002.

［5］陈文杰.早期汉译佛典语言研究［M］.高雄：佛光山文教基金会.2002.

［6］陈秀兰.敦煌变文词汇研究［M］.成都：四川民族出版社，2002.

［7］陈垣.元西域人华化考［M］.上海：上海文艺出版社，2000.

［8］陈垣.校勘学释例［M］.北京：中华书局，2004.

［9］陈正夫，何植靖.许衡评传［M］.南京：南京大学出版社，1995.

［10］程湘清主编.宋元明汉语研究［M］.济南：山东教育出版社，1997.

［11］程湘清.汉语史专书复音词研究［M］.北京：商务印书馆.2003.

［12］池昌海.《史记》同义词研究［M］.上海：上海古籍出版社，2002.

［13］丁喜霞.中古常用并列双音词的成词和演变研究［M］.北京：语文出版社，2006.

［14］董为光.汉语词义发展基本类型［M］.武汉：华中科技大学出版社，2004.

［15］董绍克.汉语方言词汇差异比较研究［M］.北京：民族出版社，

2002.

[16] 董秀芳 . 词汇化：汉语双音词的衍生和发展 [M] . 成都：四川民族出版社，2002.

[17] 董志翘 . 中古文献语言论集 [M] . 成都：巴蜀书社，2000.

[18] 董志翘 .《入唐求法巡礼行记》词汇研究 [M] . 北京：中国社会科学出版社，2000.

[19] 董志翘 . 中古近代汉语探微 [M] . 北京：中华书局，2007.

[20] 方龄贵 . 古典戏曲外来语考释词典 [M] . 上海：汉语大词典出版社；昆明：云南大学出版社，2001.

[21] 方龄贵 . 元史丛考 [M] . 北京：民族出版社，2004.

[22] 冯春田 . 近代汉语语法研究 [M] . 济南：山东教育出版社，2000.

[23] 符淮青 . 汉语词汇学史 [M] . 合肥：安徽教育出版社，1996.

[24] 符淮青 . 词义的分析和描写 [M] . 北京：语文出版社，2000.

[25] 符淮青 . 词典学词汇学语义学文集 [M] . 北京：商务印书馆，2004.

[26] 高守纲 . 古代汉语词义通论 [M] . 北京：语文出版社，2000.

[27] 高文达主编 . 近代汉语词典 [M] . 北京：知识出版社，1992.

[28] 葛本仪主编 . 汉语词汇学 [M] . 济南：山东大学出版社，2003.

[29] 顾之川 . 明代汉语词汇研究 [M] . 开封：河南大学出版社，2000.

[30] 桂诗春，宁春岩 . 语言学方法论 [M] . 北京：外语教学与研究出版社，2002.

[31] 郭良夫 . 词汇 [M] . 北京：商务印书馆，1985.

[32] 郭良夫 . 词汇与词典 [M] . 北京：商务印书馆，1990.

[33] 郭芹纳 . 训诂散论 [M] . 北京：中国社会科学出版社，2002.

[34] 郭在贻 . 训诂学（修订本）[M] . 北京：中华书局，2005.

[35] 韩陈其 . 汉语词汇论稿 [M] . 南京：江苏古籍出版社，2002.

[36] 何亚南 ."三国志"和裴注句法专题研究 [M] . 南京：南京师范大学出版社，2001.

［37］胡敕瑞.《论衡》与东汉佛典词语比较研究［M］.成都：巴蜀书社，2002.

［38］胡明扬主编.西方语言学名著选读［M］.北京：中国人民大学出版社，1999.

［39］胡竹安，杨耐思，蒋绍愚编.近代汉语研究［M］.北京：商务印书馆，1992.

［40］黄金贵.古代文化词义集类辨考［M］.上海：上海教育出版社，1995.

［41］黄金贵.古汉语同义词辨释论［M］.上海：上海古籍出版社，2002.

［42］贾彦德.汉语语义学［M］.北京：北京大学出版社，2001.

［43］江蓝生，曹广顺编著.唐五代语言词典［M］.上海：上海教育出版社，1997.

［44］江蓝生.近代汉语探源［M］.北京：商务印书馆，2000.

［45］蒋冀骋.近代汉语词汇研究［M］.长沙：湖南教育出版社，1991.

［46］蒋冀骋，吴福祥.近代汉语纲要［M］.长沙：湖南教育出版社，1997.

［47］蒋礼鸿.敦煌变文字义通释（新3版）［M］.上海：上海古籍出版社，1997.

［48］蒋绍愚.古汉语词汇纲要（新1版）［M］.北京：商务印书馆，2005.

［49］蒋绍愚，江蓝生编.近代汉语研究（二）［M］.北京：商务印书馆，1999.

［50］蒋绍愚.汉语词汇语法史论文集［M］.北京：商务印书馆，2001.

［51］蒋绍愚.近代汉语研究概要［M］.北京：北京大学出版社，2005.

［52］雷文治.近代汉语虚词词典［M］.石家庄：河北教育出版社，2002.

［53］黎良军.汉语词汇语义学论稿［M］.桂林：广西师范大学出版社，1995.

［54］李崇兴，黄树先，邵则遂编著.元语言词典［M］.上海：上海教育出版社，1998.

［55］李崇兴，祖生利，丁勇.元代汉语语法研究［M］.上海：上海教育出版社，2009.

［56］李开.文史研习和理论学语［M］.南京：江苏教育出版社，2005.

［57］李荣主编.现代汉语方言大词典［M］.南京：江苏教育出版社，2002.

［58］李如龙主编.汉语方言特征词研究［M］.厦门：厦门大学出版社，2002.

［59］李如龙.汉语方言的比较研究［M］.北京：商务印书馆，2003.

［60］李申主编.近代汉语文献整理与研究［M］.石家庄：河北教育出版社，2002.

［61］李恕豪.扬雄《方言》与方言地理学研究［M］.成都：巴蜀书社，2003.

［62］李文泽.宋代语言研究［M］.北京：线装书局，2001.

［63］李宗江.汉语常用词演变研究［M］.上海：汉语大词典出版社，1999.

［64］梁晓虹.佛教词语的构造与汉语词汇的发展［M］.北京：北京语言学院出版社，1994.

［65］刘坚编著.近代汉语读本（修订本）［M］.上海：上海教育出版社，2005.

［66］刘坚，江蓝生，白维国，曹广顺.近代汉语虚词研究［M］.北京：语文出版社，1992.

［67］刘坚.古代白话文献选读［M］.北京：商务印书馆，1999.

［68］刘景农.汉语文言语法［M］.北京：中华书局，2003.

［69］刘叔新.汉语描写词汇学（重排本）［M］.北京：商务印书馆，2005.

［70］柳士镇．汉语历史语法散论［M］．上海：上海人民出版社，2007.

［71］龙潜庵．宋元语言词典［M］．上海：上海辞书出版社，1985.

［72］陆澹安．戏曲词语汇释［M］．上海：上海古籍出版社，1981.

［73］陆澹安．小说词语汇释［M］．上海：上海锦绣文章出版社，2009.

［74］陆宗达．训诂简论［M］．北京：北京出版社，2003.

［75］罗常培，蔡美彪．八思巴字与元代汉语［M］．北京：科学出版社，1959.

［76］罗竹风主编．汉语大词典［M］．上海：汉语大词典出版社，1994.

［77］吕叔湘著，江蓝生补．近代汉语指代词［M］．上海：学林出版社，1985.

［78］吕叔湘主编．现代汉语八百词（增订本）［M］．北京：商务印书馆，1999.

［79］马贝加．近代汉语介词［M］．北京：中华书局，2003.

［80］梅祖麟．梅祖麟语言学论文集［M］．北京：商务印书馆，2000.

［81］欧昌俊，李海霞．六朝唐五代石刻俗字研究［M］．成都：巴蜀书社，2004.

［82］潘允中．汉语语法史概要［M］．郑州：中州书画社，1982.

［83］潘允中．汉语词汇史概要［M］．上海：上海古籍出版社，1989.

［84］彭宗平．北京话儿化词研究［M］．北京：中国传媒大学出版社，2005.

［85］邱树森主编．元史辞典［M］．济南：山东教育出版社，2002.

［86］商务印书馆编辑部编．辞源（合订本）［M］．北京：商务印书馆，1988.

［87］史存直．汉语词汇史纲要［M］．上海：华东师范大学出版社，1989.

［88］宋永培．当代中国训诂学［M］．广州：广东教育出版社，2000.

［89］苏宝荣．词义研究与辞书释义［M］．北京：商务印书馆，2000.

［90］苏新春．当代中国词汇学［M］．广州：广东教育出版社，1996.

［91］苏新春.汉语词义学［M］.广州：广东教育出版社，1997.

［92］孙常叙.汉语词汇（重排本）［M］.北京：商务印书馆，2006.

［93］孙锡信.近代汉语语气词［M］.北京：语文出版社，1999.

［94］孙雍长.训诂原理［M］.北京：语文出版社，1997.

［95］滕志贤.《诗经》与训诂散论［M］.上海：上海人民出版社，2008.

［96］万艺玲.汉语词汇教程［M］.北京：北京语言大学出版社，2003.

［97］汪维辉.东汉—隋常用词演变研究［M］.南京：南京大学出版社，2000.

［98］汪维辉.汉语词汇史新探［M］.上海：上海人民出版社，2007.

［99］汪维辉.《齐民要术》词汇语法研究［M］.上海：上海教育出版社，2007.

［100］王力.汉语史稿［M］.北京：中华书局，1980.

［101］王力.同源字典［M］.北京：商务印书馆，1982.

［102］王力.汉语词汇史［M］.北京：商务印书馆，1993.

［103］王素美.许衡的理学思想与文学［M］.北京：人民出版社，2007.

［104］王宣武.《汉语大词典》拾补［M］.贵阳：贵州人民出版社，1999.

［105］王学奇，王静竹撰著.宋金元明清曲辞通释［M］.北京：语文出版社，2002.

［106］王锳.近代汉语词汇语法散论［M］.北京：商务印书馆，2004.

［107］王锳.诗词曲语辞例释（第3版）［M］.北京：中华书局，2005.

［108］王云路，方一新编.中古汉语研究［M］.北京：商务印书馆，2000.

［109］王云路.词汇训诂论稿［M］.北京：北京语言文化大学出版社，2002.

［110］王云路.中古汉语词汇史［M］.北京：商务印书馆，2010.

［111］向熹.简明汉语史［M］.北京：高等教育出版社，1993.

［112］徐时仪.古白话词汇研究论稿［M］.上海：上海教育出版社，2000.

［113］徐通锵.历史语言学［M］.北京：商务印书馆，1991.

［114］徐通锵.基础语言学教程［M］.北京：北京大学出版社，2002.

［115］徐望驾.《论语义疏》语言研究［M］.北京：中国社会科学出版社，2006.

［116］徐朝华.上古汉语词汇史［M］.北京：商务印书馆，2003.

［117］汉语大字典委员会编纂.汉语大字典（第二版）［M］.武汉：崇文书局，2010.

［118］许宝华，宫田一郎主编.汉语方言大词典［M］.北京：中华书局，1999.

［119］许少峰主编.近代汉语大词典［M］.北京：中华书局，2008.

［120］许威汉.汉语词汇学引论［M］.北京：商务印书馆，1992.

［121］许威汉.二十世纪的汉语词汇学［M］.太原：书海出版社，2002.

［122］许威汉.训诂学导论［M］.北京：北京大学出版社，2004.

［123］颜洽茂.佛教语言阐释：中古佛经词汇研究［M］.杭州：杭州大学出版社，1997.

［124］杨建国.近代汉语引论［M］.合肥：黄山书社，1993.

［125］杨镰.贯云石评传［M］.乌鲁木齐：新疆人民出版社，1983.

［126］姚永铭.慧琳《一切经音义》研究［M］.南京：江苏古籍出版社，2003.

［127］叶蜚声，徐通锵.语言学纲要（第3版）［M］.北京：北京大学出版社，1997.

［128］游汝杰.汉语方言学导论［M］.上海：上海教育出版社，2000.

［129］俞光中，植田均.近代汉语语法研究［M］.上海：学林出版社，1999.

［130］遇笑容.《儒林外史》词汇研究［M］.北京：北京大学出版社，

2001.

　　［131］袁宾.近代汉语概论［M］.上海：上海教育出版社，1992.

　　［132］袁宾主编.禅宗词典［M］.武汉：湖北人民出版社，1994.

　　［133］袁宾等编著.宋语言词典［M］.上海：上海教育出版社，1997.

　　［134］袁宾，徐时仪，史佩信，陈年高编.二十世纪的近代汉语研究
［M］.太原：书海出版社，2001.

　　［135］袁国藩.元许鲁斋评述［M］.台北：（台湾）商务印书馆，1972.

　　［136］袁家骅等.汉语方言概要（第二版）［M］.北京：语文出版社，
2001.

　　［137］曾贻芬，崔文印.中国历史文献学史述要［M］.北京：商务印书馆，
2000.

　　［138］曾昭聪.中古近代汉语词汇论稿［M］.北京：中央文献出版社，
2004.

　　［139］张华文.昆明方言词源断代考辨［M］.北京：民族出版社，2002.

　　［140］张联荣.古汉语词义论［M］.北京：北京大学出版社，2000.

　　［141］张美兰.近代汉语语言研究［M］.天津：天津教育出版社，2001.

　　［142］张美兰.《祖堂集》语法研究［M］.北京：商务印书馆，2003.

　　［143］张能甫.郑玄注释语言词汇研究［M］.成都：巴蜀书社，2000.

　　［144］张能甫.《旧唐书》词汇研究［M］.成都：巴蜀书社，2002.

　　［145］张相.诗词曲语辞汇释［M］.北京：中华书局，1979.

　　［146］张永言.词汇学简论［M］.武汉：华中工学院出版社，1982.

　　［147］张永言.训诂学简论［M］.武汉：华中工学院出版社，1985.

　　［148］张涌泉.汉语俗字研究［M］.长沙：岳麓书社，1995.

　　［149］张志毅，张庆云词汇语义学［M］.北京：商务印书馆，2005.

　　［150］赵克勤.古代汉语词汇学［M］.北京：商务印书馆，1994.

　　［151］赵振铎.训诂学纲要［M］.成都：巴蜀书社，2003.

　　［152］中国社会科学院语言研究所古代汉语研究室编.古代汉语虚词词典

［M］.北京：商务印书馆，1999.

［153］中国社会科学院语言研究所词典编辑室编.现代汉语词典（第7版）［M］.北京：商务印书馆，2016.

［154］周秉钧.古代汉语纲要［M］.长沙：湖南教育出版社，2002.

［155］周荐.汉语词汇研究史纲［M］.北京：语文出版社，1995.

［156］周荐.汉语词汇结构论［M］.上海：上海辞书出版社，2004.

［157］周祖谟.汉语词汇讲话［M］.北京：外语教学与研究出版社，2006.

［158］朱居易.元剧俗语方言例释［M］.北京：商务印书馆.1956.

［159］朱庆之.佛典与中古汉语词汇研究［M］.台北:（台湾）文津出版社，1992.

［160］［瑞士］费尔迪南·德·索绪尔.普通语言学教程［M］.高名凯译.北京：商务印书馆，1980.

［161］［美］罗杰瑞.汉语概说［M］.张惠英译.北京：语文出版社，1995.

［162］［日］太田辰夫.中国历代口语文［M］.东京：江南书院，1957.

［163］［日］太田辰夫.中国语历史文法（修订译本）［M］.蒋绍愚，徐昌华译.北京：北京大学出版社，1958/2003.

［164］［日］太田辰夫.汉语史通考［M］.江蓝生，白维国译.重庆：重庆出版社，1988/1991.

［165］［日］土肥克己编.十一种诗词曲词典综合索引［M］.东京：汲古书院，2007.

［166］［日］香坂顺一.白话语汇研究［M］.江蓝生，白维国译.北京：中华书局，1997.

［167］［日］志村良治.中国中世语法史研究［M］.江蓝生，白维国译北京：中华书局，1995.

［168］Jerry Norman.*Chinese*［M］.Cambridge：Cambridge University

Press.1988.

[169] Paul J. Hoppe. *Grammaticalization*（语法化）[M].北京：外语教学与研究出版社，2001.

二、期刊

[1]曹广顺.试说"就"和"快"在宋代的使用及有关的断代问题[J].中国语文，1987（4）.

[2]曹广顺.语气词"了"源流浅说[J].语文研究，1987（2）.

[3]崔宰荣.汉语"吃喝"语义场的历史演变[J].语言学论丛,2001(24).

[4]冯淑仪.《敦煌变文集》和《祖堂集》的形容词，副词词尾[J].语文研究，1994（1）.

[5]郭在贻.唐诗中的反训词[J].浙江师院金华分校学报，1982（1）.收入《郭在贻文集》第一卷，北京：中华书局，2002.

[6]郭在贻.唐代白话诗释词[J].中国语文，1983（6）.

[7]郭在贻.俗语词研究概述[J].语文导报，1985（9）.

[8]郭在贻.读江蓝生《魏晋南北朝词语汇释》[J].中国语文,1989(3).

[9]胡竹安.《永乐大典戏文三种校注》《元本琵琶记校注》斟补》[J].中国语文，1983（5）.

[10]胡竹安.中国古白话及其训诂之研究[J].天津师大学报,1983(5).

[11]江蓝生.助词"似的"的语法意义及其来源[J].中国语文,1992(6).

[12]江蓝生.后置词"行"考辨[J].语文研究，1998（1）.

[13]江蓝生.从语言渗透看汉语比拟式的发展[J].中国社会科学，1999（4）.

[14]江蓝生.语言接触与元明时期的特殊判断句[J].语言学论丛，2003（28）.

[15]蒋冀骋."歹"见于敦煌文献吗[J].古汉语研究，2003（4）.

[16]黎锦熙.中国近代语研究法[J].河北大学周刊，1929（1）.

［17］李崇兴．元代直译体公文的口语基础［J］．语言研究，2001（2）．

［18］李崇兴．论元代蒙古语对汉语语法的影响［J］．语言研究，2005（3）．

［19］李如龙．论汉语方言特征词［J］．中国语言学报，2001（5）．

［20］李行健，（日）折敷濑兴．现代汉语方言词语的研究与近代汉语词语的考释［J］．中国语文，1987（3）．

［21］刘坚．古代白话文献简述［J］．语文研究，1982（1）．? 俫

［22］吕东兰．从《史记》《金瓶梅》等看汉语"观看"语义场的历史演变［J］．语言学论丛，1998（21）．

［23］吕叔湘．新版《敦煌变文字义通释》读后［J］．中国语文，1982（3）．

［24］马慧．从《孝经直解》看元代训诂学的发展［J］．固原师专学报，2006（5）．

［25］梅祖麟．从语言史看几本元杂剧宾白的写作时期［J］．语言学论丛，1984（13）．

［26］梅祖麟．唐、五代"这、那"不单用作主语［J］．中国语文，1987（3）．

［27］齐冲天．汉语基本词汇的发展及有关问题［J］．内蒙古大学学报，1960（1）．

［28］饶尚宽．试论贯云石《孝经直解》的语言及其价值［J］．新疆师范大学学报，1986（2）．

［29］尚芳．关于新旧辞书"东西"的语源举例［J］．汉字文化，1999（4）．

［30］唐莉．近代汉语词语发展的更替现象［J］．古汉语研究，2001（4）．

［31］王锳．试论古代白话词汇研究的意义与作用［J］．文史，1986（12）．

［32］王锳．俗语探源［J］．中国语文，1989（3̌）．

［33］王云路，方一新．汉语史研究领域的新拓展——评汪维辉《东汉—隋常用词演变研究》［J］．中国语文，2002（2）．

［34］解海江，张志毅．汉语面部语义场历史演变——兼论汉语词汇史研究方法论的转折［J］．古汉语研究，1993（4）．

［35］解海江，李如龙．汉语义位"吃"普方古比较研究［J］．语言科学，

2004（3）.

［36］邢怒海．元初白话讲章语词研究概略与前瞻［J］.理论月刊，2016（11）.

［37］徐大明，高海洋."行／成"变异一百年［J］.南大语言学，2004（1）.

［38］徐时仪．"歺"字演变探微［J］.上海师范大学学报，1993（4）.

［39］许红霞．古籍整理研究中所需注意的方言口语问题——以许衡著作中"多咱""待见"两个词语的用法为例［J］.北京大学中国古文献研究中心集刊，2016（1）.

［40］姚大力．金末元初理学在北方的传播［J］.元史论丛，1983（2）.

［41］亦邻真．元代硬译公牍文体［J］.元史论丛，1982（1）.

［42］余志鸿．元代汉语中的后置词"行"［J］.语文研究，1983（3）.

［43］余志鸿．元代汉语"－行"的语法意义［J］.语文研究，1987（2）.

［44］余志鸿．元代汉语的后置词系统［J］.民族语文，1992（3）.

［45］俞光中．元明白话里的助词"来"［J］.中国语文，1985（4）.

［46］袁宾．论近代汉语［J］.广西大学学报，1987（1）.

［47］袁宾．《祖堂集》被字句研究——兼论南北朝到宋元之间被字句的历史发展和地域差异［J］.中国语文，1989（1）.

［48］张帆．元代经筵述论［J］.元史论丛，1993（5）.

［49］张煌绪．"家"的词尾化进程［J］.中南民族学院学报，1987（2）.

［50］张涛．解读中国传统思想文化的成功之作——读《大学直解·中庸直解》［J］.济南大学学报，2000（1）.

［51］张延成．元代汉语虚词札记两则［J］.盐城师范学院学报，2001（2）.

［52］张永言．古典诗歌"语辞"研究中的几个问题——评张相著《诗词曲语辞汇释》［J］.中国语文，1960（4）.又收入《语文学论集》（增补本），北京：语文出版社，1999.

［53］张永言，汪维辉．关于汉语词汇史研究的一点思考［J］.中国语文，1995（6）.

［54］张玉霞 . 许衡《大学直解》《中庸直解》的口语注释初探［J］. 重庆邮电大学学报，2007（2）.

［55］赵中方 . 宋元个体量词的发展［J］. 扬州师范学院学报，1989（1）.

［56］周志锋 . 近代汉语词语选释——方言佐证词义举例［J］. 语言研究，1995（2）.

［57］祖生利 . 元代直译体文献中的原因后置词"上／上头"［J］. 语言研究，，2004（1）.

［58］祖生利 . 元代蒙古语同北方汉语语言接触的文献学考察［J］. 蒙古史研究，2005（8）.

［59］祖生利 .《直说通略》和它的语言特色［J］. 语言学论丛，2008（38）.

［60］［日］入矢义高著，蔡毅译 . 评张相《诗词曲语辞汇释》［J］. 俗语言研究，1997（4）.

［61］［日］入矢义高著，魏昆译 . 评蒋礼鸿《敦煌变文字义通释》［J］. 俗语言研究，1997（4）.

［62］［日］太田辰夫 .《孝经直解》释词［J］. 中国语研究，1995（37）. 又收入《元版孝经直解》汲古书院，1996.

［63］［日］岩田礼 . 汉语方言"祖父""外祖父"称谓的地理分布——方言地理学在历史语言学研究上的作用［J］. 中国语文，1995（3）.

［64］［日］竹越孝 . 经书口语解资料集览（1）吴澄《经筵讲议》［J］. 语学漫步，1995a（23）.

［65］［日］竹越孝 . 经书口语解资料集览（2）许衡《直说大学要略〉［J］. 语学漫步，1995b（24）.

［66］［日］竹越孝 . 经书口语解资料集览（3）许衡《大学直解〉（上）［J］. 语学漫步，1996a（25）.

［67］［日］竹越孝 . 经书口语解资料集览（4）许衡《大学直解〉（下）［J］. 语学漫步，1996b（26）.

［68］［日］竹越孝 . 许衡の经书口语解资料について［J］. 东洋学报，

1996c（3）.

三、论文报告

［1］林东锡.朝鲜译学考［D］.台北：台湾师范大学国文研究所，1982.

［2］刘畅.元白话讲章的语言学价值［D］.武汉：华中师范大学，2011.

［3］刘微.《大学直解》《中庸直解》口语词语研究［D］.长春：吉林大学，2005.

［4］孙菊芬.汉语常用词演变的不对称现象及其认知分析［D］.广州：中山大学，2006.

［5］佟晓彤.许衡直解作品词汇研究［D］.广州：暨南大学，2007.

［6］夏凤梅.《老乞大》四种版本词汇比较研究［D］.浙江大学，2005.

［7］祖生利.元代白话碑文研究［D］.北京：中国社会科学院研究生院，2000.

［8］汪维辉.近代汉语常用词演变研究［R］.南京大学博士后出站报告，1999.

［9］李思纯.说歹［C］//江村十论.上海：上海人民出版社，1957.

［10］刘凤翥.从契丹文推测汉语"爷"的来源［C］//中古汉语研究（二）.北京：商务印书馆，2005.

［11］王云路.中古常用词研究漫谈［C］//中古近代汉语研究（第一辑）.上海：上海教育出版社，2000.

［12］［日］吉川幸次郎.贯酸斋《孝经直解》の前后［C］//吉川幸次郎全集.［日］筑摩书房，1969.